JN098560

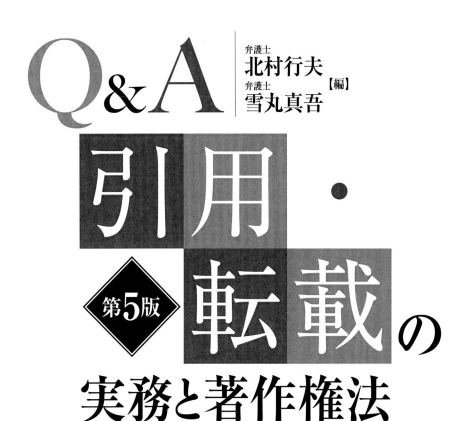

Q&A

弁護士
北村行夫 【編】
弁護士
雪丸真吾

◆第5版◆

引用・転載の
実務と著作権法

中央経済社

■ 改訂にあたって（第5版）

　平成30年に柔軟な権利制限規定を中心とした制限規定の見直しが行われ，条項番号も大幅に変更された。令和2年にもリーチサイト対策等の改正があった。

　また平成30年12月30日のTPP発効により遂に著作権の保護期間が死後50年から70年に延長された。

　美術鑑定書事件判決（知財高判平成22年10月13日）以後の引用の要件を巡る議論は未だ決着を見ていないが，上記の重要な変更に鑑み，改訂を行うこととした。

　第4版には参加していなかった弁護士3名に新たに執筆者として参加してもらった。

　川副美郷・和田豊氏からは今回も助言を多数頂くとともに第5版の刊行に力を尽くして頂いた。感謝を申し上げたい。

　令和3年10月

雪　丸　真　吾

■ まえがき

　本書は，出版業務の最前線で活躍される方々に，「引用」（著作権法32条1項）を中心として，著作権者から承諾を得ることなく著作物を適法に利用できる場合を正しく理解していただくことを目指すものである。

　具体的な事例およびQ&A形式を多く採用し，とかく判り難い法律・判例理論を平易に伝えることを心がけた。

　著作物の無許諾利用を巡る紛争解決の受任に際していつも思うことは，「もう少し早く相談していただけたら……」ということである。具体的な事件において著作権侵害であることを十分に理解したうえであえて無許諾利用に踏み切る確信犯的な事例は少ない。大多数の事件は著作権に関し無意識・無頓着であったために過失により著作権を侵害してしまった場合である。この事件類型において少しの工夫により著作権を侵害しない適法な無許諾利用を実現できたであろう場合は思いのほか多い。著作権侵害が出版物のほんの一部にとどまる場合であっても出版物全体の出版が事実上不可能となることを考えると損害は甚大である。自身の作品を違法に利用された著作者はもちろんのこと，作品を世に問う機会を奪われた著者，多大な資本を当該作品に投資した出版社，さらには新しい作品を目にする機会を奪われた読者も損害を被るのである。この甚大な損害の回避を期待できるほとんど唯一のものは編集者の著作権侵害に対する鋭敏なアンテナである。作品の制作過程において大いにアンテナを働かせていただきたい。本書がその一助となれば幸いである。

　多数の案件を抱え非常に多忙であるにもかかわらず，小職からの執筆依頼に応え執筆に献身的に取り組んでいただいた担当各位に編者として心より感謝申し上げたい。特に大井法子弁護士からは原稿執筆に加え問題の作

成・本書全体の構成についても多大な助言と協力を得た。

　新緑の眩しい昨年初夏に神谷町で執筆依頼を受けた本書のまえがきを，枯葉舞う初冬のワシントンD.C.で書いている。度重なる入稿期限延期のお願いにもかかわらず最後まで本書の完成を温かく見守っていただいた中央経済社齊藤純哉氏にこの場を藉りて感謝の言葉を付したい。一冊の本が世に出るために編集者という存在がいかに重要であるかを改めて実感させていただいた。

　　平成16年12月

雪　丸　真　吾

目　　次

第1章

そもそも引用とは

第2章

引用の対象＝著作物とは

第3章

引用の要件とは

第4章

引用以外の許可を得ずに著作物を利用できる場合

第7章

肖像権

第8章

平成30年・令和 2 年「改正著作権法」の概要

第1章
そもそも引用とは

編集長，申し訳ありません！
どうしても作家さんと連絡が取れなくて，まだ掲載許可がとれないんです。どうしましょう？

どうしましょう？　どういうことだ。

例の『永遠の海賊』の出版社の担当編集長に，作家さんの連絡先を教えて欲しいと頼んだのですが，その必要はないとかなんとか意地悪されちゃって。
とうとう今日になっちゃったんです……。

あのなあ，今お前の言ってた『永遠の海賊』は，お前が文芸批評家の先生からいただいた文芸批評の対象になっている作品だろ。
だったら作家の許可はいらないよ。引用じゃないか！

引用？

引用も知らないのか，お前は!?

お言葉ですが編集長，知財立国が叫ばれる今日，他人の著作物を無断で使うのは著作権法の精神からして……。

泣きごとの次は演説か！　昔っから，引用なの！

著作権法における引用

Q1 引用理解のために

引用を理解するにはどうすればいいのですか。

A まず,「著作権法の仕組み」を知ることです。次に,著作権法の中での引用規定の位置付けを理解することです。

解説

そうすると,引用の問題に直面したときに,どのように問題を受け止めればよいか,問題の所在はどこかが分かるのです。それを踏まえて,引用規定の解釈の細部を把握していきましょう。

最初の2つをおろそかにして,引用規定の細かな解釈に汲々としていると,解釈に歪みを生じてしまいます。

[北村行夫]

Q2 引用の仕組み

では,「著作権法の仕組み」はどうなっているのですか。

A 著作権法は,基本的に著作物・著作権を保護する法律です。

解説

そのうえで,例外的に保護の及ばない場合を定めています。権利者と著作物利用者とのバランスを保つことが,文化の発展に寄与すると考えているからです。

　まず，著作権保護の仕組みは，**著作物**が創作されると，その創作者を**著作者**と呼ぶことから始まります。その著作物から生じる著作者の権利を**著作権**と**著作者人格権**と呼び，この権利を著作者に原始的に帰属（例外もありますが，ここでは略します）させます。著作物の利用に際しては，著作権者の支配権，すなわち著作権者の意思によって利用の許否が決定されることとし，著作権侵害に対しては法が保護を与えるとしています。極めて単純ではないですか！

　ここから，まず言えるのは，**その対象とするものが著作物でなければ著作権法の世界の問題にならない**ということです。そこで判断の最初に，対象物が著作物かどうかが問題になるのです。

　次に著作権者の利用許可を得るために，誰が権利者かを正確に判断することが重要です。さらに著作権法は，著作物の利用のすべてを権利としているわけではなく，一定の利用について権利と認めているので，どのような利用について許可を得るべきか見誤ったり見落としたりしないことが必要になります。

　仕組みに関するこの部分は，折りに触れて確認しましょう。

［北村行夫］

Q3　引用のポイント

引用とは，およそどういうことですか。

A　引用とは，他人の著作物を利用するときに，その利用の仕方が著作権に触れていても，同時に法の定める一定の要件に該当すると認められるなら，著作権者の許諾なしに著作物を利用できる，という著作権法上の規定（著作権法32条1項）の1つです。

解　説

　ここから，引用の判断の手順が，さしあたり2つ導かれます。

　①利用しようとするもの（被利用物）が著作物か否か判断し，著作物で
あるときにのみ引用の問題に入ること，②利用行為が，著作権に触れてい
て，なおかつ法（同法32条1項）の定めた引用の要件を満たしているか否
か判断すること，ということになります。

〔北村行夫〕

Q4　著作権保護の例外

引用とは，著作権者の著作物利用許諾の例外と理解していいですか。

A そのとおりです。

解　説

　著作権保護の例外が，引用です。このほかに，転載（著作権法32条2項，
39条1項）や，その他の「著作権の制限」（同法2章3節5款の各条項）
があります。

〔北村行夫〕

Q5　「無断引用」はあり得ない

著作権侵害のニュースの見出しに，よく「無断引用」って見かけま
すが，おかしくないですか。

A もちろん，おかしなことです。

| 解　説 |

　なぜなら，引用とは「適法な」無断利用の一態様なので，本当の引用なら何ら非難されるべきことではありません。他方，著作権侵害は引用でないからこそ，その無断利用が違法となるのです。

［北村行夫］

Q6　引用規定はなぜ定められたか

そもそも引用の規定がある理由は何でしょう。

A 文化の発展にとって有用だからです。

| 解　説 |

　著作権制度の本旨は，著作物の保護です。しかし，それにもかかわらず，著作権者の意思に関わりなく，他人の著作物の全部または一部を利用しなければならない場合があることは否定できません。また，そのような利用形態を許容することが文化の発展にとって有用だと認められる場合があるため，この規定が必要となっているのです。

　例えば，ある小説を文芸批評家が批評するには，原文を提示することなしに批評することも不可能ではありませんが，どうしても原文の一部を読者に提示しなければならない場合があることも否定できません。そのような場合にいちいち著作権者の許可なしには著作物を利用できないということになると，著作権者の意に添わない批評には許可が出ない可能性も生じ，批評・批判の自由による文化の発展にもとることとなります。

　このように無断利用の許容は，著作権保護と同じように，文化の発展の
ために必要とされる現実がありますので，同じ法の中で，著作権の保護と
調和するように規定したのです。

［北村行夫］

引用判断のプロセス

Q7　著作物か否か

引用者にとって，利用の対象が著作物かどうかが重要な理由は何ですか。

A もし仮に，対象物が著作物でなければ，そもそも著作権法は適用されず著作権侵害の問題は起きないからです。

解　説

この場合には，他の法令に反しない限り，通常は自由に使えます。引用かどうかなどという，面倒な吟味が，そもそもいらないのです。

そこで，引用者にとっては，仕事の能率という点からも，コストの点からも，まずこの点のチェックを行っておかなければなりません。もちろん，対象物が著作物かどうかという点は，場合によっては判断が困難なことがありますが，多くは容易に判断できます。ともあれ，判断が困難であっても，ここは，手抜きをしてはならないことを肝に銘じておきましょう。

[北村行夫]

Q8　権利の目的とならない著作物

他人の知的な成果を無断利用しても著作権侵害にならない場合とは，「著作権の制限」の規定の場合に限られますか。

A そうではありません。

解説

　まず，**著作物でないもの**は，無断利用しても著作権侵害の問題を生じないからです。

　次に著作物であっても，**「権利の目的とならない著作物」**の利用は著作権侵害になりません。著作権法13条に規定があります。そこに挙げられた著作物は，もともとその性質上国民に自由に利用されるべきものであり，これに著作権を生じさせることは妥当でないからです。

　このような著作物としては，1番目に「憲法，その他の法令」（同条1号）があります。条例もここに入ります。条約や外国の法令も同様です。

　2番目に「国若しくは地方公共団体の機関，独立行政法人が発する告示，訓令，通達」等の公文書です。これらは，広く国民の吟味の対象となるように，伝達されなければならないからです。

　3番目に，「裁判所の判決，決定，命令及び審判並びに行政庁の裁決及び決定で裁判に準ずる手続により行われるもの」です。三権の1つである司法権の判断やこれに類する手続の中における判断も，広く国民からの吟味の対象となるべきだからです。

　4番目に「前三号に掲げるものの翻訳物及び編集物で，国又は地方公共団体の機関が作成するもの」です。

　それから**著作権保護期間の過ぎた著作物**です。もともと著作物の保護は，期間的な制限があるので，このような著作物は，無断利用しても著作権侵害の問題とはなりません。例えば，宮沢賢治の童話や，ゴッホの絵などです。

　さらに，海外の著作物の場合，**日本との間で著作権保護の条約を結んでいない国の著作物**は，わが国の領土内で保護する必要はありません。とい

っても，現在では，多くの国がWTO条約を媒介として，著作権保護関係
にあります。

　以上に該当しない著作物にあっては，著作権が働きますので，引用その
他の著作権の制限に該当するかどうかが問題となってきます。

［北村行夫］

Q9　保護期間切れの著作物

保護期間切れの著作物は自由に利用できますか。

A 自由に利用できますが，一部例外もあります。

解　説

　著作者の死亡や公表等の起算事由が発生した年の翌年の1月1日から70
年が経過し，71年目から保護期間が切れます（著作権法51条〜57条）。保
護期間が切れた状態を公有あるいはパブリックドメインと呼びますが，著
作権者が存在しない公の財産として誰でも自由に利用ができます。

　ただし，著作者人格権については死亡と同時に消滅する一方で「著作者
が存しなくなった後においても，著作者が存しているとしたならばその著
作者人格権の侵害となるべき行為をしてはならない」（同法60条）とされ
ており，公有になった後も保護が及び得るので，著作者が望まないであろ
う改変等を行う場合は注意が必要です。

［雪丸真吾］

Q10　引用の基本条文

引用の根拠となる条文はありますか。

A 著作権法32条1項に定められています。

解　説

　同条項には，「公表された著作物は，引用して利用することができる。
この場合において，その引用は，公正な慣行に合致するものであり，かつ，
報道，批評，研究その他の引用の目的上正当な範囲内で行なわれるもので
なければならない。」と規定されています。

［北村行夫］

Q11　難しい引用の要件解釈

　では，その著作権法32条1項から，引用の要件を簡単に導けます
か？

A 残念ながら，簡単にはできません。現在，要件自体にいろいろな
見解が現れており混沌とした状況です。

解　説

　パロディ・モンタージュ写真事件最高裁判決（昭和55年3月28日）を源
流とし，その後，藤田嗣治事件東京高裁判決（昭和60年10月17日）やバー
ンズ・コレクション事件東京地裁判決（平成10年2月20日）を経て，実務
上，引用の要件として以下の5点が検討されてきました。

① 公表された著作物であること
② 明瞭区別性
③ 主従関係（附従性）
④ 出所明示（同法48条1項1号）
⑤ 引用する側も著作物であること

　検討の中核となるのは②③の2要件であることから「2要件説」と呼ばれる考え方です。

　しかしながら，現実の裁判においては，引用の目的や必要性，必要最小限度か，権利者への影響といった各種の要素も考慮の上で引用の成否が判断されており，これらの諸要素をすべて「③主従関係」の要件内で検討することは「主従関係」という字義から無理があるのではないか，主従関係がパンクするという問題意識が生じていました。

　そのような状況下で，知財高裁が注目すべき判決を出しました。美術鑑定書事件知財高裁判決（平成22年10月13日）です。

　それ以前も2要件説の枠組みにこだわらずに引用該当性を判断した判例はありましたが（絶対音感事件東京地裁判決（平成13年6月13日）），知財高裁の判断である点，結論として引用の成立を認めている点において画期的な判決と評価されます。

　同判決は，引用該当性について以下のとおり判示しました。

　「著作権法は，著作物等の文化的所産の公正な利用に留意しつつ，著作者等の権利の保護を図り，もって文化の発展に寄与することを目的とするものであるが（同法1条），その目的から，著作者の権利の内容として，著作者人格権（同法第2章第3節第2款），著作権（同第3款）などについて規定するだけでなく，著作権の制限（同第5款）について規定する。その制限の1つとして，公表された著作物は，公正な慣行に合致し，報道，

批評，研究その他の引用の目的上正当な範囲内で引用して利用することができると規定されているところ（同法32条1項），他人の著作物を引用して利用することが許されるためには，引用して利用する方法や態様が公正な慣行に合致したものであり，かつ，引用の目的との関係で正当な範囲内，すなわち，社会通念に照らして合理的な範囲内のものであることが必要であり，著作権法の上記目的をも念頭に置くと，<u>引用としての利用に当たるか否かの判断においては，他人の著作物を利用する側の利用の目的のほか，その方法や態様，利用される著作物の種類や性質，当該著作物の著作権者に及ぼす影響の有無・程度などが総合考慮されなければならない。</u>」

　2要件説の枠組みではなく，諸要素を総合考慮して判断する新たな考え方です。**総合考慮説**と呼ばれます。

［雪丸真吾］

Q12　総合考慮説か2要件説か

今後は総合考慮説で引用を検討すればよいのですか？

A そうとは言い切れません。

解　説

　私が美術鑑定書事件知財高裁判決（平成22年10月13日）以降の引用の要件について触れている判例を調べたところ，以下の事実がわかりました。
①美術鑑定書事件と同一の要件を採用する判例3件
　・岡山イラスト事件（大阪地判平成25年7月16日）
　・美術鑑定証書事件B（東京地判平成26年5月30日）
　・風水ブログ記事発信者情報開示請求事件（東京地判平成28年1月19

日）

②特に要件は示さず，32条１項の条文の文言に沿って判断する判例５件
- ・都議選候補の写真無断転用事件（東京地判平成23年２月９日）
- ・「霊言」DVDの引用事件（東京地判平成24年９月28日）
- ・オークションカタログ事件Ｂ（東京地判平成25年12月20日）
- ・ピクトグラム事件（大阪地判平成27年９月24日）
- ・オークションカタログ事件Ｂ（知財高裁平成28年６月22日）

③②に「引用であること」という要件を加えて判断する判例２件
- ・一竹作品複製事件（東京地判平成30年６月19日）
- ・「国家と殺人」引用事件（大阪地判平成31年３月28日／大阪高判令和元年10月17日）

　全て①であればわかりやすいのですが，②③の判例群の存在が理解を難しくしています。総合考慮説が実務上定着したという事はまだまだ言えず混沌とした状況にあると言わざるを得ません。

　ただし，②③の判例群の判断の内実を見れば，様々な要素を総合考慮して引用の成否を判断する点は美術鑑定書事件と共通しますので，広く見ればこれらも総合考慮説の考えに立つものなのだという理解も可能なのかもしれません。

　他方，従来の２要件説に立って引用の成否を判断する判例は最早見当たりません。ただ，従来，主従関係の要件の中で検討されてきた様々な要素の検討は総合考慮説でも（むしろ総合考慮説では正面から検討しやすくなった）同様になされるはずですので，２要件説と総合考慮説は全く別個であり断絶しているという理解はすべきではないでしょう。

　本書では，上記の状況に鑑み，従前２要件説に沿って書かれてきたＱ＆

Aをそのまま残すか，総合考慮説で修正するかは各執筆者に任せました。

[雪丸真吾]

Q13 目的の範囲内での利用

著作物の利用の仕方について，制限はありますか。

A あります。

解　説

　著作権法32条1項の文言上は，「公正な慣行に合致するもの」であり，「かつ，報道，批評，研究その他の引用の目的上正当な範囲内で行われるもの」とされています。このことは，従来からある引用の「慣行」を踏まえるとともに，著作権法の趣旨に照らして「正当」と思われる範囲の利用の仕方に限るという趣旨と解されています。

　言い換えれば，当該著作物を報道，批評等で利用する場合，人権たる報道の自由，言論の自由等の趣旨からして，無許諾の使用を合理的と評価し得るので，その目的の範囲内での利用行為を適法としたのです。第3章で後述します。

[北村行夫]

第2章
引用の対象＝著作物とは

編集長，著作物って難しいですね。特に "創作的な表現" というのが…。

お，そこに気づいたんなら大したもんだ。

でも "表現" といえば著作物でなくてもみんな表現でしょう？

その通り。この定義では，"思想や感情がちゃんと伝わるようにするための具体的な工夫" といった意味だな。

"ちゃんと伝わる" っていうのは？

著作者の思想や感情を他人にも同じように伝えるにはそれなりの工夫がいるだろう。あえて "何を言うか" と "どう言うか" を比べるなら，後者に関わるのが表現だ。正確には "何をどう言うか" だな。アイディアは表現じゃないって聞いたことあるだろ？

う～ん。お題目のように言ってる人も多くて…。

アイディアそれ自体は，"なに" であって，"どう言うか" ではないから表現ではないという意味だ。

じゃあ，アイディアをわかりやすく説明したものは表現になりますか？

いいぞ！そのとおりだ。そこで創作性が問題になる。

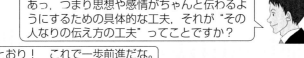最近では，個性とかいう説明が多いですが…あっ，つまり思想や感情がちゃんと伝わるようにするための具体的な工夫，それが "その人なりの伝え方の工夫" ってことですか？

そのとおり！　これで一歩前進だな。

著作物と事実・データ

Q14　まずは著作物の定義規定を眺める

著作物とはどういうものですか。

A 「思想又は感情を創作的に表現したものであって，文芸，学術，美術又は音楽の範囲に属するもの」と定義されています（著作権法2条1項1号）。

［雪丸真吾］

Q15　事実・事象

事実や事象は著作物ですか。

A 客観的な事実や事象は人の精神的活動が生み出したものではないので，それ自体では著作物にはなり得ません。

解　説

　著作権法が保護するのは人の精神的活動の所産としての創作的な表現だからです。

　関ヶ原の合戦は1600年に起こったとの事実や，8月の平均気温が30度であったとの事象は，客観的に存在していた事実が発見されたというに過ぎないのであり，当該事実の中に人の思想・感情は何ら関与しておりません。

　最近の判例でも以下のように言っているものがあります。

　本件データは，自動車部品メーカー及びカーエレクトロニクス部品
メーカー等の会社名，納入先の自動車メーカー別の自動車部品の調達
量及び納入量，シェア割合等の調達状況や相互関係のデータをまとめ
たものであって，そこに記載された各データは，客観的な事実ないし
事象そのものであり，思想または感情が表現されたものではないこと
は明らかである。

　原告は，本件データは原告が独自に取材，調査し，それを総合的に
判断し研究した結果であり，そこには原告の思想が創作的に表現され
ていると主張する。しかし，原告が主張していることは，原告の一定
の理念あるいは思想のもとに本件データの集積行為が行われたという
ことにすぎないのであって，集積された客観的データ自体が思想性を
帯びることはないから，原告の右主張は失当というべきである。

　よって，本件データは著作物性を有しない。

（名古屋地判平成12年10月18日「市場調査データの出版事件」）

　以上からすれば，今年の 8 月の平均気温が30度であったことを作品に掲
載する場合に気象庁から許諾を得る必要はないということになります。

　ただし，事実自体は著作物でなくとも，事実を素材として文章や表の形
に表現した場合は著作物となり得ることはもちろんですので，ここはしっ
かり区別しなければなりません。

[雪丸真吾]

Q16 「思想または感情」

著作物における「思想または感情」とは，人間のものに限られますか。

A 限られます。

解 説

人間以外の動物も何らかの精神的活動を行っていることは一概には否定できません。しかし，動物は権利の主体になりませんから，たとえ猿が絵を描いたり，蜂が複雑な巣を作ったとしても，それが思想・感情の表現かどうかというような検討をすることは無意味です。

著作権法で言う「思想または感情」とは「人間固有」のものと考えるべきです。

[雪丸真吾]

創 作 性

Q17 「創作的」に表現

創作性とは，どういうことですか。

A 著作者の何らかの個性が現れていれば足り，独創性までは必要ありません。

解 説

著作物と言えるためには思想または感情の表現に「創作性」がなければなりません。ここで言う創作性にはどの程度のものが要求されるかが問題となりますが，判例は以下のように言っています。

> 創作的に表現したものというためには，当該作品が，厳密な意味で，<u>独創性の発揮されたものであることは必要でないが，作成者の何らかの個性の表現されたものであることが必要である</u>。文章表現に係る作品において，ごく短いものや表現形式に制約があり，他の表現が想定できない場合や，表現が平凡，かつありふれたものである場合には，筆者の個性が現われていないものとして，創作的な表現であると解することはできない。
>
> （東京地判平成11年1月29日「古文単語語呂合わせ事件」）

［雪丸真吾］

第Ⅲ節

グ　ラ　フ

Q18　データとグラフ

グラフ化されたデータは著作物ですか。

A 著作物ではありませんが，グラフは著作物になり得ます。

解　説

　データはあくまでもデータであり，思想・感情のいずれでもないので著作物ではありませんが，そのグラフ表示がイラストを用いるなどされていれば，そのグラフが著作物性を有することはあり得ます。ただ，線グラフや棒グラフには，データの表示に創作性がないので著作物性はありません。

［北村行夫］

Q19　イラスト化されたデータ

著作物性をもつほどイラスト化されたデータとは，例えばどんなものですか。

A 抽象的には，創作的表現と言えるイラストということです。

解　説

　具体的なイラストを前にしないと何も言えませんが，例えば，国債の発行高を表すのに，単純な棒グラフに代えて，国債の証券風のイラストの束を重ねる，という表示にする場合，イラストには違いありませんが，あり

ふれたしかもシンボル的な表現なので，著作物性は否定されるでしょう。中には著作物だと認められても，証券の表面のちょっとした書き方の違いがあると，両者を比べて別の著作物と評価される場合も考えられますが，むしろ著作物性が否定される場合が少なくないでしょう。

　これに対し，例えば，絶滅寸前の各種動物の推定残存数を地域ごとに表示するのに，その動物をイラストで表示し，その大きさで差をつけデータを付記するような場合の動物のイラストは通常は著作物性を有するでしょう。

[北村行夫]

Q20　貴重なデータ，データの組合せ

　ある病気が激減したことに関するWHOの国別調査データと，ユニセフの各国の栄養状態に関するデータを組み合わせて，その因果関係を研究した論文が発表されていました。

　そこに用いられた表を見ると，その病気を撲滅する上でどのような栄養素が最も重要かがよくわかるので，栄養学の論文にそのまま使いたいのですが，２つの国際機関や研究者の許可を取らなくても大丈夫でしょうか。

A 大丈夫です。

解　説

　その研究者が，２つのデータを比較し，分析し因果関係を発見したのは人類への多大な貢献と言えます。しかし，因果律は，客観的な存在であり，思想ではありません。

　その発見の手がかり，あるいは裏付けとなった２つのデータの組合せは，

おそらく多数の国別データの中から選択され，深く分析されたのだと思います。しかし，選択基準は，ある病気の減少傾向の著しい国別に整理し，各国の栄養素上の共通点を表示したとするならば，新たにできた表も，選択または配列において創作性があるとは言えません。

　万一その表に創作性があって著作物と認められる場合でも，おたずねのケースでは，研究目的での引用として利用できる余地はあるので，執筆上の工夫に注意されれば，許諾なく使用できます。

[北村行夫]

Q21 | 図式化された法則

　Bの出版物に掲載されている下の図を利用したいと思い，著作者Bに対して許諾を求めたところ，原則としてそのまま使うことは拒否するが，どうしても使いたいのであれば著作権使用料を支払って欲しいと言われました。どう対応すべきでしょうか。

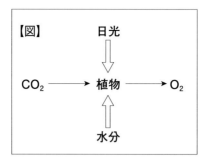

A　本件の図は著作物とは言えませんので，Bの許可を得ずに利用することができます。

解　説

　本件の図は，植物が日光と水分および二酸化炭素を吸収して，酸素を合成する光合成の仕組みを簡単に図式化したものです。

　光合成の仕組み自体は自然界の法則に過ぎず，こうした自然法則や現象，事実それ自体は著作権の保護の対象とはなりません。

　ただし，文章や図等による具体的表現に作成者の個性が現れていれば，その表現は著作権により保護される可能性があります。

　本件の図は，特にイラストを用いるでもなく，光合成に必要な要素と，その結果生成される要素を文字で示し，各要素の植物への吸収と排出の関係を，文字の位置関係と矢印で示すことによって，光合成という自然法則を簡単に表現したに過ぎず，作成者の個性が現れた創作的な表現ということはできません。

　もっとも，日光と水分が植物に吸収される関係を二重の矢印で表現し，二酸化炭素が植物に吸収されて，光合成の結果酸素として植物から排出される，という関係を一重の矢印で表現している点は，両者の意味合いの違いを示すための表現上の工夫と言えなくもありませんが，この程度の表現は一般的に用いられるごくありふれたものであり，作者の個性が現れた表現とはいえません。

　したがってこの図には創作性がないため著作物とは言えず，著作権は発生していないので，許諾を得ることなく自由に利用することが可能です。

　なお，同じように光合成の仕組みを示す図であっても，植物や日光等の各要素や光合成の過程をイラストで描くなどの工夫が用いられているような場合には，そのイラスト部分や，イラストを含めた図の全体につき，作者の個性が現れた創作的な表現であるとして，著作物と評価される場合はあります。

　このような場合には，原則として著者の許可を得なければこの図を利用

することはできないこととなります。

［近藤美智子］

法律・契約

Q22 法　律

法律は，著作物ですか。

A 著作物です。

解　説

ただし，著作権の「権利の目的とならない著作物」（著作権法13条1号）です。「権利の目的とならない」というのは，同条の著作物に限っては，著作者の権利を発生させないということで，その意味で特殊な著作物だということです。

［北村行夫］

Q23 六法全書

六法全書を丸ごとコピーしても著作権侵害になりませんか。

A 著作権侵害になります。

解　説

六法全書には，法令の選択や配列に創作性があり，また，各条文ごとに参照条文等が付されています。このような参照条文等の選択には創作性があると認められ，その結果，編集著作物となっています。「権利の目的とならない」著作物ではなくなっているので著作権侵害になるのです。

［北村行夫］

Q24 契約書

契約書は，著作物ですか。

A 契約書によります。

解　説

　契約書は，合致した両当事者の意思表示を表現したものですから，「思想の表現」です。ただ，その表現が創作的かという点は，契約書によりけりと言うほかありません。

　もし契約書が，民法に定める典型契約で，しかも当該契約の要件部分や債務不履行に関する民法の規定を反映したに過ぎないものであれば，その表現には創作性はないので著作物とは言えません。

　しかし，特殊な法律関係を形成する条項で，そのことを明確にするために表現上工夫を要した場合には創作性ある著作物となる余地があります。

［北村行夫］

Q25 契約書式

契約書式は，著作物ですか。

A 判例などからすると，著作物性は認められないでしょう。

解　説

　書式は，確定的な意思表示ではないからという判例も見られますし，一般に書式それ自体に著作物性がないのは，書式自体では思想の表現とは認

められないからでしょう。

　しかし，当該契約の中のある条項が当事者の合意した思想の創作的表現となる余地があることは，前問Q24への回答に見るとおりです。少なくとも，書式の中の具体的条項が著作物になる場合があることには注意すべきです。

［北村行夫］

Q26　就業規則

就業規則は著作物ですか。

A 通常は，著作物ではないでしょう。

| 解　説 |

　それは，労働基準法等の労働法規の思想の反映に過ぎないことが多いからです。ただ，規則が，その社の独自な事項を，独自に創作的に表現していれば著作物たり得ることは，Q24で述べたところと同じです。

［北村行夫］

Q27 　ゲームの内容とルールブック

ゲームのルールブック（規則書），ゲームのルールは著作物ですか。
① 　小説の中に，最近流行りだしたあるゲームをしている場面を書きたいのですが，そうすると，そのゲームのルールについても詳しく説明せざるを得ません。このゲームの発案者に許諾を得る必要がありますか。
② 　ゲームのルールを説明するため，そのゲームのルールブックの記述の一部をそのまま使わせてもらいました。この場合はどうですか。

A
① 　ルールそのものは著作物ではありませんので，発案者に許諾を得る必要はありません。
② 　ルールブックは著作物となり得ますので，著作物に該当する場合には引用の要件を満たす必要があります。

解　説

まず①のゲームのルールを説明する点ですが，ここではゲームのルールそのものが著作物にあたるのか否かが問題となります。

すなわち，ゲームのルールが著作物に該当するということになれば，これを利用する場合には著作権者の許諾が必要になりますし，著作物に該当しないということであれば許諾を受ける必要がなくなるからです。

ここで著作物とは，「思想又は感情を創作的に表現したものであって，文芸，学術，美術又は音楽の範囲に属するもの」を指すと定められています（著作権法2条1項1号）。

つまり，「表現したもの」にあたらない「アイディア」や「着想」それ自体は著作権法の保護対象となりませんが，ゲームのルールそのものは，

「表現」ではなく，「アイディア」に過ぎないと言えますので，著作物には該当しないということになります。

　したがって，ゲームのルールを小説内で説明する際に，特にゲームの発案者等の許諾は必要ありません。

　次に②のゲームのルールブックの記述の一部を使う場合です。ルールブックということですので，この場合にはルールそのものとは異なり，著作物の要件のうち，明らかに「表現したもの」に該当しています。

　ただし，ルールブックが著作物に該当するかは，著作物の他の要件，特に「創作性」の要件を満たすか否かが問題となるでしょう。

　最近のゲームのようにルール自体が複雑化している場合には，その表現の仕方は様々あり得るということになるため，ルールブックを作る際にも創作性の余地が大きく，そのようなルールブックは著作物に該当するということになるでしょう。

　一方で，極めて簡易なルールしかなく，表現に選択の余地がほとんどないような場合，そのようなルールを記したルールブックには創作性がないと判断される可能性もあるでしょう。

　なお，この点に関する裁判例として「ゲートボール競技規則事件」（東京地八王子支判昭和59年2月10日）があります。本事件では「競技の仕方のうち，どの部分をいかなる形式，表現で競技規則として抽出，措定するかは著作者の思想を抜きにしてはおよそ考えられ」ず，「創作性を備えている」として，ゲートボールの競技規則に著作物性が認められました。

　以上のとおり，ゲームのルールブックに著作物性が認められる可能性は十分にありますので，ご質問②のようにその記述の一部をそのまま使うという場合には，引用の要件を満たす形で利用されるべきでしょう。

　　　　　　　　　　　　　　　　　　　　　　　　　　　　　［吉田　朋］

Q28 レシピ，盛り付け，料理の写真

料理本を出そうと思います。ある一般の方がウェブサイト上で公開しているオリジナル料理のレシピを，その人に無断で料理本に取り入れてもよいでしょうか。ウェブサイト上で公開されているオリジナル料理の写真についてはどうでしょうか。

A 通常，料理のレシピの材料と分量の記載だけなら著作物ではないので，許諾はいりません。ただし，調理手順の説明や料理の写真であるウェブサイトの画像を取り入れるのであれば，著作物性が認められる可能性がありますから，許諾を必要とする場合があります。

解 説

(1) 料理のレシピの著作物性

料理のレシピに著作物性が認められるかが問題となります。料理のレシピは，必要な材料と分量を対応させて手順をありきたりな言葉で表現してある場合が少なくありません。そのような表現には創作性はありませんから，著作物とは言えません。これは，その料理がオリジナル料理であっても同じです。料理に独創性があっても，必要な材料と手順をありきたりな言葉で表現しているにすぎないレシピには創作性が認められないからです。これに対して，レシピを創作的な表現を使って説明している場合には，レシピにも創作性が認められ，著作物となる場合があります。

(2) 料理の写真の著作物性

写真も，創作性がある場合には著作物として保護の対象になります。写

真が著作物と言えるだけの創作性を有していると言えるのは，構図やシャッターチャンス，絞りなどの工夫に創作性がある場合です。料理の写真は，できるだけおいしそうに見えるように，構図，シャッターチャンス，絞りなどについて，写真撮影者が工夫を凝らしていると考えられますので，ほぼすべての写真に創作性が認められると思います。

(3)　盛り付けと著作物性

　なお，写真の著作物については，写真撮影者とともに被写体の権利処理が必要か否かについて，常に判断が必要となります。盛り付けは，繊細なフランス料理のように細部にわたって人為的な盛り付けがなされるものから，盛り付けた際の材料の重なり具合で偶発的に生じる結果，独創的になるものまで様々です。細部にわたって人為的な盛り付けがなされている場合は，そこに創作性が認められれば著作物と言える可能性が高いと思いますが，ありふれた盛り付けや，偶発的に生じた盛り付けは，創作性を認めにくいと思われます。細部まで特別な場合を除き，盛り付けに創作性があると評価できる場合は多くなく，被写体についての権利処理は不要である場合がほとんどと考えられます。

［大井法子］

Q29　バンダナの図柄

　A社の発売しているバンダナの図柄を，書籍の装丁に利用することはできますか。

A バンダナの図柄に著作物性が認められる場合には，著作権侵害になりますので，バンダナの図柄の著作権者に許諾を得ずに使用することはできません。

解　説

⑴　実用品（応用美術）の著作物性

　美術の著作物は，純粋美術と，実用品に利用されている応用美術に区別されていました。応用美術には，①美術工芸品，装身具などの実用品，②家具に施された彫刻のように，実用品と結合したもの，③量産される実用品のひな型，④図案など，実用品の模様として利用されることを目的としたものがあるとされています（斉藤博『著作権法〔第3版〕』2007年，有斐閣，83頁）。

　ところで，著作権法2条2項は，わざわざ「「美術の著作物」には，美術工芸品を含むものとする。」と定めています。そのため，上記の4種類の応用美術のうち，①のみが著作権法上の美術の著作物に含まれるに過ぎないのかという点が問題となっていました。

　この点，裁判においては，大量生産品や実用品である応用美術が著作物であると認められるためには，美的創作性という，通常より高度な美術性を求める傾向がありました。他方でおみやげ物として大量生産される博多人形について著作物性が認められた事案（長崎地佐世保支判昭和48年2月7日「博多人形事件」），またTシャツの柄に著作物性を認めた事案（東京地判昭和56年4月20日「ティーシャツ事件」），お菓子のおまけとして製作される妖怪フィギュアの模型原型の著作物性が認められた事案（大阪高判平成17年7月28日「おまけフィギュア事件」）などがあり，必ずしも統一的な判断が出ているとは言えませんでした。

　しかし，幼児用椅子の形態を巡って争われた「TRIPP TRAPP」事件の

知財高裁において，はじめて，著作権法2条2項の「美術工芸品」は，あくまでも例示であり，応用美術であっても，著作権法上の創作性の要件を満たせば美術の著作物として保護される，との判断が示されました（知財高裁平成27年4月14日）。つまり，応用美術であっても，高い創作性の基準は不要ということになります。今後は，当該判決の判断に従った裁判例が増えていくのか注目したいと思います。

⑵　意匠法との関係

　本問のようなバンダナの図柄は，意匠登録することができます。では，意匠登録できる図柄についても，著作権法上の保護が与えられるのでしょうか。

　これについては，そもそもの著作権法2条2項の趣旨が「応用美術の領域に属する産業用の美的な作品は，美術工芸品を除いて著作物とはみなさない趣旨」である（加戸守行『著作権法逐条講義〔六訂新版〕』2013年，社団法人著作権情報センター，69頁。以下，「加戸○○頁」と表記する）ことや，日本が加盟しているベルヌ条約において，意匠法で保護する限り著作権法によっては保護しない建前をとっていることなどから，意匠登録できるデザインについては著作権法では保護されないという見解もありました。

　しかし，上記のとおり，意匠権の対象となる図柄であっても，著作権法上の美術の著作物と言える場合には，著作権法上も保護されると解されるようになっています。

⑶　本問の図柄

　以上から，本問の図柄が著作権法上に言う思想・感情の創作的表現に該当する場合には，著作物となりますので，この図柄を使用するためには著

作権者の許諾が必要となります。著作物ではないと判断できる場合でも，意匠法上の保護が与えられる可能性がありますので，意匠登録がされているかを確認して，登録されていれば許諾が必要です。

［大井法子］

地　　図

Q30　地図の著作物性

① 　国土地理院で出している地図をそのまま使用する場合は，どこか
らも許諾を得なくてよいですか。

② 　Ａ社が発行している住宅地図をもとに当社が独自に調査して得た
情報を付加修正して使用する場合，Ａ社の許諾を得る必要がありま
すか。

A
① 　国土地理院に許諾を得る必要があります。

② 　Ａ社が発行している住宅地図がありふれた地図であり創作性
がない場合には，Ａ社の許諾を得る必要はありません。

(1)　地図の著作物性

　地図に創作性がある場合には，一般に，図形の著作物に分類されます。
イラスト性の高い地図は，美術の著作物になる場合もあるでしょう。本問
では，国土地理院（後述(2)）による地図ですから，図形の著作物にあたる
かどうかを検討します。

　まず，地図に著作物性が認められるかが問題となります。地図は，事実
状態を忠実に表してこそ機能を有するものですから，地図は思想・感情を
創作的に表現したものとは言えない場合が多いと思われがちです。しかし，
当該地図を作成するにあたっては，文字どおりの事実を図面上に再現する
ということはあり得ず，地図上に何を表示するかについて，その使用目的
等に基づいて地図の作成者の個性が表現されている場合には，地図にも創

作性があると言えます。

　地図の著作物性について次のように述べた裁判例があります。

　「一般に，地図は，地球上の現象を所定の記号によって，客観的に表現するものに過ぎないものであって，個性的表現の余地が少なく，文学，音楽，造形美術上の著作に比して，著作権による保護を受ける範囲が狭いのが通例」ではあるが，「各種素材の取捨選択，配列及びその表示の方法に関しては，地図作成者の個性，学識，経験等が重要な役割を果たすものであるから，なおそこに創作性の表出があるものということができる。」として，地図の著作物性を認めています（富山地判昭和53年9月22日「富山住宅地図事件」）。

(2)　国土地理院の地図の著作物性

　国土地理院は，測量法および国土交通省設置法に基づいて測量行政を行う国土交通省の特別の機関です。

　前記(1)で見たように，国土地理院の作成している地図も，著作物と言えます。なお，測量法29条により，国土地理院の測量成果である地図等を複製する場合には，①申請が不要な場合，②申請が不要であるが出所明示が必要な場合，③複製承認申請が必要とされる場合などがあります。利用に際しては，国土地理院へ直接問い合わせるか，ウェブサイトなどで確認して下さい。

(3)　住宅地図の著作物性

　ところで，地図がある一定の目的をもって表現されている場合，何を表示するかの取捨選択の幅が非常に狭くなり，地図に創作性が認められない場合があります。

　住宅地図はその例です。

　これについては，住宅地図についての著作権侵害が争われた事案が参考になります。この事案においては，住宅地図上に記載された建物表示，居住者名表示の方式も同一であり，また建物の枠取りについての線引きにおいて，その位置，線の接合場所に同一のところが無数に見られる住宅地図について，「住宅地図においては，その性格上掲載対象物の取捨選択は自ら定まっており，その点に創作性の認められる余地は極めて少ないといえるし，また，一般に実用性，機能性が重視される反面として，そこに用いられる略図的技法が限定されてくるという特徴がある。従って，住宅地図の著作物性は，地図一般に比し，更に制限されたものであると解される。」（富山地判昭和53年9月22日「富山住宅地図事件」）として，著作物性を否定しました。

　つまり，住宅地図の場合は，誰が作成してもほぼ同じ内容になるため，表現に創作性がなく，著作物とは言えない場合がほとんどとなります。

　また，空港案内図についても，富山住宅地図事件と同様，「空港案内図は，実際に存在する建築物である空港建物等を主な描写対象としているというだけでなく，空港利用者に対して実際に空港施設を利用するうえで有用な情報を提供することを目的とするものであって，空港利用者の実用に供するという性質上，選択される情報の範囲が自ずと定まり，表現方法についても，機能性を重視して，客観的事実に忠実に，線引き，枠取り，文字やアイコンによる簡略化した施設名称の記載等の方法で作成されるのが一般的であるから，情報の取捨選択や表現方法の選択の幅は狭く，作成者の創作的な表現を付加する余地は少ないというべきである。」とされています（東京地判平成17年5月12日「空港案内図著作権侵害事件」）。

　以上のとおり，一定の目的をもった地図は，創作性の幅が狭いことによって，創作性がない部分をたくさん利用しても複製権侵害にはなりません。

　したがって，本問でも，A社の住宅地図が住宅の取捨選択がなされてお

らず，誰が作成しても同じ内容のありふれた表現方法によって作成されたものであれば，創作性はないため，そのまま複製して利用しても，著作権侵害にならない可能性が高く，情報を付加修正するのにA社の許諾は不要と判断できます。

［大井法子］

題号・見出し・目次

Q31 題号の著作物性

① 「無我と追憶と光 No.1」という絵のタイトルを，絵の作者に無断で，この絵の紹介記事に使用することはできますか。

② 同様に，これがシリーズもののベストセラー小説のタイトルの場合，この著者の許諾なく，別の小説の中で，登場人物がこの本を読んでいる描写をするときに，本のタイトルを使ってもいいでしょうか。

③ 著作物でないのであれば，別の作家が著した小説に「無我と追憶と光 No.2」というタイトルをつけて出版してもいいでしょうか。

A
① 使用できます。
② 使用できます。
③ 著作権法違反にはなりませんが，不正競争防止法違反となる余地はあります。

解 説

(1) 絵の題号の著作物性

絵の題号には著作物性がないとされます。それは，題号が著作物の内容を要約ないし象徴する言葉から構成されており，通常は思想・感情を創作的に表現したとは言えないからです。本件の場合は，単語を3つ接続詞で結んでいるだけですので，創作性は認められません。

(2)　小説の題名の著作物性

　小説の題名も通常は著作物性がないとされています。理由は，絵の題号で述べたところと同じです。誤解のないように付言すれば，題号は，内容と常に一対一対応ではありません。いくつかの候補の中から題号を選ぶということはあり得ることです。しかし，その場合でもその語の組合せ方に創作性がない以上は，著作物とはなり得ないのです。

　小説の題名も単語であるか，あるいはありふれた文章（小説の題名としては奇抜であっても）であることが一般的であり，思想・感情の創作的表現とは言えない場合がほとんどと言っていいでしょう。

(3)　同一題名を使用した場合の法的問題

　以上のように，小説の題名を無断で使用することによって著作権侵害になることはほとんどないと言っていいでしょう。

　しかし，全く同一の題名，ロゴの類似性，装丁の類似性などにより，本の表紙が商品表示と評価される場合もあります。その場合は，不正競争防止法に違反する場合があります。

〔大井法子〕

Q32 新聞の見出しの著作物性

　１年ごとにいくつか大きな事件を取り上げて解説しながら昭和を振り返るという本を作りたいと思いますが，各事件について，当時の新聞における見出しを各項のタイトルとして使う場合，許諾が必要ですか。

　新聞の見出しそのものを複写して他の雑誌に掲載する場合はどうですか。

A 　新聞の見出しをタイトルとして使用する場合には，見出しの表現が創作性を有しているか否かによって，許諾が必要な場合と不要な場合があります。

　新聞の見出しそのものを複写して掲載する場合も，見出しの表現に創作性がない場合には，多くの場合許諾は不要でしょう。

解　説

(1)　新聞の見出しの著作物性

　新聞の見出しには，大見出しと，ある程度内容を要約して文章化されている小見出しがあります。

　まず，大見出しは，ほとんどの場合，著作物ではありません。新聞の見出しは，人目を引きかつ記事の内容を一瞬にして理解させることを目的としているため，わかりやすい単語やごく短い言葉で作成されているのが通常です。例えば，「東京オリンピック開催決定」などという見出しは著作物ではありません。したがって，大見出しには著作物性がない場合がほとんどであると言っていいでしょう。

　また，ある程度内容を要約して文章化している小見出しは，大見出しよ

りは表現が詳しくなっていますが，見出しの表現は多くの場合，事実を伝達するだけの内容であるため，ほとんどの場合，著作物性がないと言えるでしょう。裁判で見出しの著作物性が争われた事案がありますが，「マナー知らず大学教授，マナー本海賊版作り販売」という見出しは，ありふれた表現であり，著作権法10条2項の「事実の伝達に過ぎない雑報及び時事の報道」に該当するとして見出しの著作物性を認めませんでした（東京地判平成16年3月24日・知財高判平成17年10月6日「ニュース記事見出事件」）。

　ただし，記事の見出しであっても，創作性があるものとして，著作物性が認められる場合もありますので，創作性の判断は十分注意が必要です。

⑵　文字・デザイン文字の著作物性

　新聞の見出しそのものを複写する場合には，別の観点からの吟味が必要になります。見出しに使用した文字やデザインに著作物性が認められる場合があるからです。

　しかし，文字という多数の人が情報の伝達のために使用するものに，むやみに著作物性を認めると，その文字を他の人が利用できなくなるという不都合が生じます。こうしたことから，日本の独特の文字である「書」が著作物性を認められる場合を除き，見出しの文字に著作物性が認められる場合はほとんどないと言っていいでしょう。

　裁判でも，印刷用書体のデザインについて著作物性が争われた事案がありましたが，最高裁判所は，「印刷用書体は，文字の有する情報伝達機能を発揮する必要があるために，必然的にその形体には一定の制約を受けるものであるところ，それが一般的に著作物として保護されるものとすると，著作権の成立に審査及び登録を要せず，著作権の対外的な表示も要求しないわが国の著作権制度の下においては，わずかな差異を有する無数の印刷

書体について著作権が成立することとなり，権利関係が複雑となり，混乱を招くことが予想される。」と述べ，「印刷用書体がここにいう著作物に該当するというためには，それが従来の印刷用書体に比して顕著な特徴を有するといった独創性を備えることが必要であり，かつ，それ自体が美術鑑賞の対象となりうる美的特性を備えていなければならないと解するのが相当である。」（最一小判平成12年9月7日「ゴナ書体事件」）と判断しています。

ところで，新聞の書体についてみますと，前記の判例の基準である「独創性」と「美的特性」が備わっている見出しは，目にすることがありません。したがって，新聞で使用されている文字自体には，デザインとしての著作物性はないと言っていいでしょう。

なお，見出しとともに記事を複写してしまう場合は，また別ですので，ご注意下さい。

［大井法子］

Q33　雑誌目次の性格

　今度出版する本の中に，資料の1つとして，ある雑誌の目次をそのまま複製して掲載する場合，許諾を得る必要がありますか。

A その目次が，単行本のようにページ順に順番に記載されている目次の場合には許諾は不要ですが，雑誌の場合にはそうでない場合があり，許諾が必要となることもあります。

解　説

(1)　目次の著作物性

　目次は，出版物の各項目をページごとに表示しています。

　単純に，ページ数の少ない順から並べた目次は，誰が作成しても同じ順番になりますから，思想・感情の創作的表現とは言えません。したがって，このような目次は著作物ではありません。世の出版物の目次のほとんどがこのような単純な形式で作成されていることからしますと，ほとんどの目次は著作物ではないと言えます。したがって，目次をそのまま掲載する場合には，許諾は不要です。

(2)　編集著作物

　しかし，場合によっては注意が必要です。

　目次が，ある特定の目的のためにページ順でない表示がなされている場合には，その配列の方法に創作性があるとして著作物性が認められる場合があるからです。雑誌の目次の場合には，通常，ある見出しを大きく表示したり，重要な順番に表示することがあるので，このような場合には配列の方法に創作性が認められ，許諾が必要になります。

　　　　　　　　　　　　　　　　　　　　　　　　　　　［大井法子］

写　真

Q34　商標，意匠，著作物

　商品の写真を利用する際，その写真に商標登録されている商標や意匠登録されている意匠が含まれる場合，商品を書籍に掲載することは，商標権，意匠権，著作権の侵害になりますか。

A 商標権や意匠権の侵害にはなりません。

解　説

　それを書籍に掲載することは，商標権の「使用」ではなく，また意匠権の「実施」ではないからです。ただ，著作権法の侵害の可能性が残ります。

　商標や意匠を書籍に掲載することは，通常，商標権侵害の前提となる商標権の「使用」に該当せず，また意匠の場合の「実施」にも該当しません。したがって，商標権，意匠権侵害にならないと考えられます。

　商標や意匠は，それぞれの法律によって保護されますが，それらが著作物である可能性もあります。例えば，著作物として著名な漫画の主人公を商標や商品の意匠として登録することも可能だからです。その場合には，その商標や意匠は，著作権と商標権，著作権と意匠権というように，二重の保護を受けます。ここに，著作権侵害の可能性が残る理由があります。

〔北村行夫〕

Q35 素人の写真

プロではない一般の人が撮った，どこにでもありそうな街角の風景
や空を撮った写真を使用する場合も，許諾を得る必要がありますか。

A 許諾を得る必要があります。

解 説

(1) 撮影過程をふまえると創作性が認められる

　写真は，撮影に際しカメラという機械装置に依存し，機械的にレンズに
写った風景がフィルムに焼き付けられる（デジタルカメラが主流の現在で
は，デジタル記憶媒体に画像データが蓄積される，と言うべきでしょう
か）ことから，創作性がない場合が多いのではないかとも考えられます。
平たく言えば，誰でもシャッターを押すだけで写真ができるのですから，
知的・精神的活動はなく，個性も発揮されないのではないかということで
す。

　しかし，写真を撮る過程をつぶさに見ると，被写体の選択，撮影場所・
日時の選択，構図の決定，レンズ・フィルム・カメラの選択，露出，光量
の調節，シャッターチャンス，現像の手法等の点において多々個性を発揮
する要素があり，創作性は肯定されると言わざるを得ません。機械的に作
成されるという特性に留意しつつも，人が撮る多くの写真には創作性が認
められると考えていいでしょう。

　創作性の有無は芸術性の程度と関わりがありませんから，撮影主体がプ
ロか一般の人かということは創作性の判断に関係ありません。一般の人の
撮影する写真でもその多くは創作性が認められるでしょうし，プロが何の
工夫もせずただ機械的に撮った写真には創作性は認められないでしょう。

　参考として判例を 1 つ紹介しておきます。

　これらの各被写体は，いずれも深い山中にあるため，現地に赴くのも容易でなかった。控訴人は，このような場所に何度も足を運び，更に本件各写真の撮影に当り，本件石垣の状況が理解しやすいよう，周囲の草木を取除いたり，また，撮影の位置，角度等に配慮し，望遠レンズや広角レンズを利用するなどしたりするなどの工夫を重ねて撮影を行った。

　㈡　右事実によれば，本件写真①ないし⑥は，控訴人が，我国古代史の研究ないし解明に役立つと考えて，被写体を選定し，その撮影方法についても工夫を凝らして，古代史学に関する資料を他にさきがけて明確にしておく目的で撮影したものであり，控訴人の著作物として保護されるべきものであることは疑いを容れないところであって，控訴人がいわゆる学者や職業的写真家ではなく，写真に関しては素人であることは右判断の妨げとなるものではない。
（仙台高判平成 9 年 1 月30日「東日流外三郡誌関係書籍熊野写真偽装使用事件」）

　被写体が「どこにでもありそうな街角」や「空」である場合，被写体の選択がありふれていることは，創作性否定の方向に働きますが，それだけで創作性はないとの結論に至るものでもなく，上述の要素を総合的に検討すべきでしょう。

⑵　創作性があれば著作権が発生する

　創作性が認められる著作物であれば著作権が発生しますので，使用に際しては著作者の許諾を得る必要があることになります。

[雪丸真吾]

Q36　批判の対象者を特定するための写真の利用

　私は，これから出馬する政治家の不正を訴えたいと思っています。この政治家のホームページを見たところ，この政治家が撮影された写真（身振り手振りを含みます）がありました。批判のためには，その対象である政治家を特定したり，イメージしやすくする必要があります。そのため，この写真を貼り付けたビラに不正の事実を証する原稿を書いて，一般の人に配布したり，写真の近くに原稿をのせた形でインターネットにアップロードしたいと考えています（誰が撮影したのかとか，写真の出典はありません）。これは引用として認められると思いますが，何か問題はありますか。

A 著作権侵害として認められません。

解　説

　政治家が撮影された写真は著作物ですので，写真の著作者の同意がなければ複製やアップロードはできません。相談者は，著作権法にいう「引用」にあたると考えておられるようですが，あたらないと考えるべきでしょう。引用として認められるためには，いくつかの要件が必要でした。要件については，大きく2つの見解がありましたので，それぞれで検討してみます。

　2要件説であれば，引用する著作物と引用される著作物との間に①主従関係と②明瞭な区別がなされていることが必要です。そして，引用の範囲が引用の目的との関係で必要最小限の範囲内と言えない場合には，主従関係の要件を欠くと考えるべきです（東京高判昭和60年10月17日判時1176号33頁「藤田嗣治事件」）。今回の相談での引用の目的は，政治家の不正を批

判するために単にイメージをしやすくしたり，批判対象の人物を特定する
ことのようですが，そのために必ずしも政治家の写真を使う必要はありま
せん。特定するのであれば，氏名と所属を指摘すればよいですし，イメー
ジさせるといっても，あえて身振り手振りをする写真を使う必要性はあり
ません。そうすると，政治家の写真の利用は，引用の目的との関係で必要
最小限とはいえず，結局，主従関係という要件を満たしません。また，撮
影者や写真の出典等を明示しないというのですから，明瞭な区別という点
も認められないと思います。

　総合考慮説であれば，引用の目的との関係では，上記と同じ点から，
「引用の目的上正当な範囲」という著作権法32条の要件を満たさないと思
います。また，出所明示をしていないという点でも，やはり「公正な慣
行」に合致していないと考えられると思います。

　相談の事案と同じような事案について判断した裁判例でも，同様の点を
指摘し，引用ではないと判断しています（東京地判平成23年 2 月 9 日
（LLI/DB L06630007）「都議選候補写真無断転用事件」）。

［福市航介］

50

短い言葉

Q37 俳 句

俳句は著作物ですか。

A 著作物です。

解説

　俳句のような短い表現には創作性がないのではないかとの疑問もありそうですが，創作的表現になるかどうかは表現の長短のみでは決定されません。

[北村行夫]

Q38 標語・スローガン①

　「明るく正しくたくましく」という某小学校の標語をその小学校のある地域を紹介する冊子に掲載したいのですが，許諾を得る必要がありますか。

A 許諾は必要ありません。

解説

　その標語が著作物ではないからです。

　「明るく正しくたくましく」は，子どもがこのように育って欲しい，あるいは育てたいという思想・感情からくる目的をそのまま，明るく，正しく，たくましくという単語によって表現してあるだけですので，思想また

は感情とが一対一的に対応しており，その間には表現上の創作性が認められません。

　この標語が「明るく，強く，たくましく」となっていても同様に創作性は認められません。

　したがって，本問の標語は著作物ではありませんから，誰でも自由に使用することができるので，冊子に掲載するのに許諾を得る必要はありません。

［大井法子］

Q39　標語・スローガン②

「ぼく安心　ママの胸より　チャイルドシート」という標語は著作物ですか。

A　著作物です。

解　説

　まず，そもそも標語・スローガンなどの短い言葉（句）が著作物と言えるのかが問題となりますが，このような短い文についても，そこに創作性があれば著作物と言えます。

　旧来から，文化として定着している俳句に著作物性が認められることは争いがありませんが，標語やスローガンに関しては，創作性が認められないとする説明が一般的でした。性質上，標語・スローガンは，その文によって伝えるべき思想や感情を，直截（ちょくせつ）にかつ短く表現するため，そこに用いられる単語や語順が限定されることが多く，そのため創作性が認められないものが多いのは確かです。

　しかし，創作性が認められる余地がないということではありません。具

体的に，標語・スローガンの表現目的と，通常用いられる語句か否か，それらに何らかの創作的要素が加えられているかなどを吟味して，著作物か否かを判断することが必要となります。

　従前，交通標語の著作物性が裁判で争われた事件がありました。本問の「ぼく安心　ママの胸より　チャイルドシート」がそれです。別の人が作った「ママの膝より　チャイルドシート」というスローガンが，この標語の著作権を侵害しているかが争われた事件です。この裁判の結論は，要約すると「ぼく安心」という子どもの目から見た視点がこの著作物の創作性の核であり，五七五の文全体に著作物性を与えているとしました。そして，これと類似の「ママの膝より　チャイルドシート」というスローガンには，この創作性の核である「ぼく安心」に対応する表現はないので著作物ではなく，「ぼく安心　ママの胸より　チャイルドシート」の創作性を複製または翻案したとは言えないから，著作権を侵害しないと判断しました（東京高判平成13年10月30日「交通標語事件」）。

[大井法子]

Q40 キャッチコピー

　「そうだ 京都，行こう。」というキャッチコピーを当社で出版するキャッチコピー集に掲載する場合，許諾を得る必要がありますか？

A 許諾を得る必要はありません。

解 説

(1) キャッチコピーの著作物性

　キャッチコピーであっても，思想・感情が創作的に表現されていれば，著作物となります。短い言葉の組合せだからといって，そのことだけで著

作物性が否定されるわけではありません。これは前記Q39の標語について述べたことと同じです。

「そうだ　京都，行こう。」は，JR東海が1993年から実施しているキャンペーーンのキャッチコピーとして，その映像の美しさとともに，一世を風靡しました。しかし，「そうだ」「京都」「行こう」というキャッチコピー自体は，京都に行こうと思いついた人であれば，だれもが口にする簡潔な表現にすぎないため，著作物とは言えないことになります。

最近の裁判例でも，「音楽を聞くように英語を聞き流すだけ／英語がどんどん好きになる」「ある日突然，英語が口から飛び出した！」というキャッチフレーズについて，キャッチフレーズのような宣伝広告文言の著作物性判断においては，個性の有無を問題にするとしても，他の表現の選択肢がそれほど多くなく，個性が表れる余地が小さい場合には，著作物とは認められないと判断されたものがあります（知財高裁平成27年11月10日「スピードラーニング事件」）。ただし，こうした簡潔な表現が，商品表示性を有する場合には，宣伝広告への利用が不正競争防止法違反になる可能性があるため，注意が必要です。本件では，キャッチコピー集を作成するとのことであり，商品表示機能を有する利用方法ではないため，不正競争防止法違反は生じません。

(2)　広告ポスターの著作物性

広告ポスターは，そこに使用されている絵柄によって美術の著作物に該当する場合がありますし，写真が使用されていれば写真の著作物となる場合があります。したがって，キャッチコピーが著作物でなくても，広告ポスターごと掲載する場合は広告ポスター自体が著作物に該当するか否かをよく吟味して，著作物であれば許諾が必要になります。

［大井法子］

Q41 キャッチフレーズ

昭和時代の芸能人のキャッチフレーズを取り上げて，時代と世相を解説する本を作りたいと思います。キャッチフレーズを使用するためにはどこかから許諾を得る必要がありますか。

A 原則として許諾は不要です。

解 説

(1) キャッチフレーズの著作物性

売り出したタレントにキャッチフレーズをつけることはよくあることです。例えば，「ポスト百恵」，「1億人の妹」などがありました。しかし，「ポスト誰々」という表現に創作性はありませんし，「1億人の妹」というのも同じです。昔からある「百万人の恋人」などと同工異曲です。このようなキャッチフレーズは，思想・感情を創作的に表現したとは言えません。

このことはもちろん芸能人のキャッチフレーズに限られることではなく，「お口の恋人」のような企業イメージのキャッチフレーズでも同様のことが言えます。

(2) 標語・スローガンとの比較

一般論だけで言えば，標語やスローガンよりもキャッチフレーズの方が創作性が認められる場合が多いでしょう。

前者は極めて直截であることを要するのに対し，昨今のキャッチフレーズは，商品やサービスの表示を間接的なものとしています。

そのようなキャッチフレーズを用いることにより，長期的に見て企業のイメージアップを計算したものや，「考え落ち」とでも言うべき，ひとひ

ねりした表現が増えているからです。

(3)　著作権法以外に生じ得る問題

　本件の場合は，時代と世相を解説するためにキャッチフレーズを取り上げるとのことですが，これが仮に以前，特定の芸能人を示すものとして広く使われていたのと全く同じキャッチフレーズを，別の芸能人のために使用する場合は，不正競争防止法に違反する場合がありますので，注意が必要です。

［大井法子］

Q42　未成年者の作文

　小学1年生の書いた「将来の夢」と題する作文を使用する場合も，許諾を得る必要がありますか？　その場合，学校の先生に許諾を得ればいいですか。

A　未成年者の作品も著作物となり得ますので，その利用には許諾を得る必要がある場合があります。その場合は，原則として作文を作成した子どもの両親（親権者），または子どもが成人していれば本人の許諾を得る必要があります。

解　説

(1)　小学1年生の書いた作文の著作物性

　小学1年生の書いた作文でも，思想・感情が創作的に表現されていれば著作物となります。将来の夢をテーマにした作文であれば，その子どもの思想・感情が創作的に表現されている可能性が高いので，著作物と言える

場合が多いと思います。反対に，日記などで今日の天気と学校であったことが楽しかった，と記載されている程度のものは創作性が認められず著作物とは言えません。

　小学1年生の作文とは少々レベルが異なりますが，似たような事件が裁判で争われました。サッカー選手の中田英寿さんを題材とした本が出版されましたが，その本には中田英寿さんが中学生のときに作った詩が，すでに成人している中田さんの許諾を得ずに掲載されました。中田英寿さんは，無断複製と，学校内でしか発表する予定でなかった詩を全国に公表されたことによる著作者人格権侵害という点を主張しました。裁判所は，中学校の時に作った詩が著作物であることを前提に，出版社の著作権侵害を認めました（東京地判平成12年2月29日「中田英寿事件」）。

(2)　許諾の相手

　小学校の作文の多くは，学校が保存していたり学校の文集に掲載されていますので，許諾を得る相手も学校であると誤解しがちです。しかし，許諾の相手方はあくまでも著作権者ですから，本人の許諾が必要になります。

　本問のように，本人が未成年者である場合は，未成年者が法律上有効な許諾をすることができないため，その親権者である両親が共同して未成年者に代わって許諾をすることになります。したがって，許諾を得る場合は，未成年者の両親から許諾を得なければなりません。もちろん，作文を書いた本人が成人している場合は，本人から許諾を得ることになります。

［大井法子］

第Ⅸ節

漫画という著作物

Q43 漫画は何の著作物か

漫画はどのような著作物として保護されますか。

A 美術と言語の著作物です。

解 説

　漫画には，絵と言語という2つの構成要素があります。美術の著作物（著作権法10条1項4号），言語の著作物（同法10条1項1号）のどちらと考えるべきなのかはなかなか難しい問題ですが，択一的に捉えるべきではなく，両者不可分一体の著作物と考えてよいでしょう（別冊ジュリスト『著作権判例百選〔第3版〕』2001年，有斐閣，177頁，三山裕三弁護士解説参照）。

　当然，著作権が発生し，使用にあたっては著作者である漫画家の許諾が必要となるのが原則です。著作権者は，多くの場合漫画家ですが，原作者がいる場合にはそちらも著作権者となるので注意が必要です。

［雪丸真吾］

Q44 漫画の著作物の保護期間

漫画の著作物の保護期間はどう考えればよいですか。

A 著作者が個人か法人かで変わります。

解　説

　著作物は，著作者の生存中および，著作者が死亡した日の属する年の翌年1月1日から起算して70年間保護されます（著作権法51条，57条）。

　漫画家はペンネームで作品を発表している方も多いですが，中にはそのために現実のどの人物なのかがわからず，死亡時期が確認できない方もいるかもしれません。また，中には職務上創作した漫画であるために著作者が法人である（同法15条1項）場合もあるかもしれません。

　そのような場合は，公表された日の属する年の翌年の1月1日から起算して70年間保護されることになります（同法52条，53条，57条）。

　ここで言う「公表」とは，著作物が発行された場合または権利者もしくはその許諾を得た者によって上演，演奏，上映，公衆送信，口述，展示の方法で公衆に提示された場合を言います（同法4条1項）。

　この公表の時期について漫画で問題になりやすいのが，連載漫画の公表時期はいつなのかという問題です。

　第1話発表時でしょうか？　それとも連載終了時でしょうか？

　著作権法は，2つの場合の公表時を定めています。「……公表の時は，冊，号又は回を追って公表する著作物については，毎冊，毎号又は毎回の公表の時によるものとし，一部分ずつを逐次公表して完成する著作物については，最終部分の公表の時によるものとする。」（同法56条1項）。

　前半に出てくる「冊，号又は回を追って公表する著作物」を継続的刊行物と言い，漫画で言えば，例えば『サザエさん』や『ゴルゴ13』です（もっとも，著作者が個人なので死亡時が基準になりますが）。1話完結の読み切り作品と考えてください。それ自体として1つの独立した著作物であり得るものです。これについては，毎号の連載雑誌が発行されるたびに1話ずつが独立して公表したとされています。

　後半で出てくる「一部分ずつを逐次公表して完成する著作物」（逐次刊

行物）とは，『三国志』，『ドラゴンボール』のようなものです。1個のストーリーが連続して連載され最終回で完結する漫画です。こちらは，最終回の連載号が発行された時点で作品全体につき公表されたことになります。

　70年以上前から世に出ていたことが推測される著作物の利用にあたっては，それぞれについて公表時を確定し保護期間を検討してみることを忘れないで下さい。保護期間を過ぎていれば，自由に使うことができます。

［雪丸真吾］

第 X 節

書　　影

Q45　書影と著作物

当社の発行する医学書の表紙（A）について，他社の書籍（B）と類似するため著作権侵害であるとして，書籍の販売の差し止め請求をされました。当社の書籍は著作権侵害になってしまうのでしょうか。

A 後述のデザインであれば，著作権侵害になります。

解説

　一般に，書籍の表紙には，題号，著者名のほか，イラストや写真が用いられていることが多くあります。題号が著作物となるケースが少ないことは，Q31で述べたとおりですが，通常，イラストや写真は美術の著作物として著作物性が認められます。したがって，他社の発行する書籍の表紙をそのままの形でコピーすれば，複製権侵害となってしまうでしょう。

　もっとも，表紙のどの範囲に著作物性が認められるかという点は，あくまでケースバイケースであり，具体的な事案ごとに著作物性や各表紙の類似性を検討していく必要があります。

　実際に医学書の表紙の類似性が問題になった事案として，東京地判平成22年7月8日「医学書表紙デザイン類似事件」があります。実際のデザインは以下のとおりです。

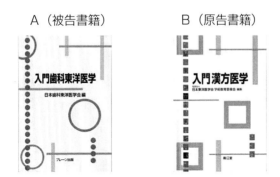

A（被告書籍）　　　　B（原告書籍）

　同事件の判決では，AとBは，主に以下の点に共通点があるとされました（⑥および⑦は省略しています）。

①　左上端，左下端及び中央やや右下寄りに，同一の形状の，大きな枠で描かれた図形が記載され，左上端の図形は，図版の上端ないし下端によって，その一部が切れている点

②　右端及び上端に接する形で，「サ」の字形に，太い縦棒2本と細い横棒1本が交差し，さらに，左端中央やや上寄りから，横棒が中央あたりまで延び，左下端の上記①の図形の右では，長い横棒と短い縦棒が十字型に交差し，横棒は右端まで，縦棒は下端まで延びている点

③　上記②の4本の縦棒の太さ及び色は，いずれも同じであり，上記②の3本の横棒の太さ及び色も，いずれも同じである点

④　左上端及び左下端の上記①の図形に上からかかる形で，上記①の図形と同じ形状で，同図形より小さいサイズの図形約20個より成る縦棒が，図版の上端から下端まで続いており，中央やや右下寄りの上記①の図形の下部にも，上記と同じ小さいサイズの図形3個ないし4個より成る縦棒が，上記②の十字の横棒に上からかかる形で存在する点

⑤　書名は，縦方向においては，上から1本目の横棒と上から2本目の

横棒の間に存在し，横方向においては，上端から下端まで続く小さな
図形より成る縦棒と「サ」の字の右の縦棒との間に存在し，編者名は，
書名の下に描かれており，出版社名は，縦方向においては，上から3
本目の横棒と下端の間に，横方向においては，下端に接する縦棒と右
端の間に存在する点

　しかし，Aは，デザインに用いる図形として，「正方形」ではなく「丸」
を選択した点，図形等の配色等が異なっている点などから，AがBの複製
物であることは否定されました。
　もっとも，上記の共通点は，Bの表紙の「表現上の本質的な特徴といえ
る図形等の選択ないし配置の同一性を維持しながら，具体的な図形の形等
の表記に変更を加え」，新たにAの「製作者の思想又は感情を創作的に表
現したもの」として，結果として翻案権侵害が認められました。
　したがって，本問のようなケースでは，複製ではないが，翻案にあたり，
著作権侵害になるものと思われます。

［宮澤真志］

Q46 批評や新刊紹介における書影の利用

① 当社の雑誌に，ある書籍の書影（表紙には絵が描かれています）
を載せ，当該書籍の批評をしようと思うのですが，著作権者の許諾
が必要でしょうか。
② 新刊書籍の紹介をするために書影を雑誌に載せる場合はどうでし
ょうか。

A ①の場合，引用の要件を満たせば，著作権法32条１項により許諾が不要となります。

②の場合，一定の基準を満たせば，著作権法47条の２により許諾は不要となります。

解　説

1　①について

　本問のように表紙に絵が描かれていた場合，当該書籍の書影を雑誌に載せることは，複製権侵害となるため，原則として著作権者の許諾が必要となります。

　ただし，本問では，書影を載せる目的が書籍の批評を行うためという点にあります。書籍の表紙のデザインは，その書籍の内容と密接な関係を有しており，多くの場合，その内容から生じるイメージを表すために作成されています。また，表紙を載せたほうが，引用の対象を視覚的に示すことができ，批評として有用となる場合があることも否定できません。したがって，書影の掲載方法によっては，引用の要件を満たし，著作権者の許諾なくして掲載できる可能性があるといえます。具体的な引用の要件についてはQ11を参照してください。

2　②について

　本問においても，書籍の書影を雑誌に載せる行為が複製権侵害になる点はさきほどと同様です。ただし，紹介目的の場合も①と同様に，引用による利用が認められる余地があると思います。

　さらに問題となるのが，著作権法47条の２の適用の可否です。同条は，美術や写真の著作物の原作品または複製物を譲渡または貸与する際に，一定の要件のもとに，著作権者の許諾なくしてこれらの著作物の複製や公衆

送信を行うことができるとする定めであり，美術や写真の著作物の譲渡または貸与の便宜を図るためのものです（本条の詳細はQ107を参照してください。）。

　本問のような新刊紹介の際の譲渡の対象は，あくまで書籍そのものであり，美術の著作物である書影（表紙）を直接譲渡するものではありませんが，書籍のデザインが消費者の購買動機に大きく寄与している場合もあること，表紙を含めて書籍全体を1つの作品として流通に乗せるのがクリエイターの意識に合致していることなどの理由により，著作権法47条の2の適用を認める見解が有力です（池村聡『著作権法コンメンタール別冊平成21年改正解説』2010年，勁草書房，63-64頁）。そのため，本問においても，著作権法施行令の定める基準を満たすことにより，著作権者の許諾なくして掲載が可能となります。

［宮澤真志］

新　　聞

Q47　新聞社と通信社

　よく新聞で，末尾に（共同）などと通信社の名前が書いてあります
が，この場合に記事を当社の本に掲載するときは，新聞社と通信社の
どちらの許可を得ればいいのでしょうか。

A 通信社の許可を得る必要があります。

解　説

　新聞などで，通信社が配信する記事をそのまま掲載した記事を，配信記
事といいます。

　新聞社は各地に独自の取材ネットワークを有していますが，自社のネッ
トワークだけで世界中で随時生じるニュースに対応することは困難です。
そのため，多くの新聞社は共同通信や時事通信等の通信社と契約をし，ニ
ュースを購入しています。

　この通信社と新聞社との間の契約においては，通信社から配信された記
事を掲載するかどうかは新聞社の自由な判断に委ねられていますが，記事
を掲載する場合には原則としてそのままの形で掲載すべきものとされてい
ます。したがって，通信社のクレジット表示がされている配信記事の場合，
その著作権は通信社または通信社の記者に帰属していると解され，利用す
るには通信社の許諾を得る必要があることとなります。

　ただし，当該記事に創作性が認められず，著作物でない場合には許諾は
不要ですし，著作権が通信社等に帰属している場合でも，出所明示に加え，
引用の目的上正当な範囲内であり，かつ公正な慣行に合致するものとして

引用の要件を満たす場合には，通信社の許可なく利用することが可能となります。

［近藤美智子］

Q48 取材の素材としての著作物

私は現在，違法高利貸し業者（いわゆる「ヤミ金」）の特集記事を担当しています。

最近，借りてもいない人のところに「あなたに対する債権を譲り受けました。これから取立てを始めます。職場や家族，親戚に迷惑がかかるかと思いますが御承知おき下さい。3日以内に連絡してくれれば支払方法の相談には応じられます。 ○○ローン 090－3431－○○○○」という電報を送りつけ，支払いを強要する手口が横行しているので，世間に注意を促す記事を書きたいと思います。この電報をそのまま無許諾で載せてもいいのでしょうか。

A この場合，ヤミ金業者に許諾を得る必要はありません。

解説

(1) 著作物性があるか

まず，本問の電報が著作権の対象となる「著作物」に該当するかどうかですが，「著作物」と言えるためには，①思想または感情の表現であること，②表現に創作性があること，③外部に表現されていること，④文芸，学術，美術，音楽の範囲に属することが必要です。

本問の電報については，②その表現に「創作性」があるかが問題となります。「創作性」とは，著作者の個性が著作物の中に何らかの形で現され

ていればよいというものです。しかし，本問の電報は，職場や家族，親戚
に迷惑がかかるかもしれないという脅し文句を用いて支払いを強要するも
のであり，その表現は極めて平凡かつありふれていると言えますから「創
作性」があるとは考えられません。

　したがって，本問の電報は「著作物」ではないと考えられますから，ヤ
ミ金業者の許諾を得る必要はありません。

　なお，仮に本問電報が「著作物」であったとしても，次に述べるように，
やはりヤミ金業者の許諾を得る必要はありません。

⑵　時事の事件の報道の場合

　著作権法41条は「写真，映画，放送その他の方法によって時事の事件を
報道する場合には，当該事件を構成し，又は当該事件の過程において見ら
れ，若しくは聞かれる著作物は，報道の目的上正当な範囲において，複製
し，及び当該事件の報道に伴って利用することができる」と規定していま
す。

①　この条文によって無許諾の利用が認められるためには，まず第1に，
　利用の目的が，時事の事件の報道であることが必要です。これは，客観
　的に判断して時事の事件の報道と判断されることが必要で，その利用態
　様からして著作物自体の利用に主目的があると認められるようなもので
　ないことが条件となります。この点，本問では，違法高利貸し業者（い
　わゆる「ヤミ金」）の特集記事において，借りてもいない人のところに
　電報を送りつけてお金を脅し取るという手口が横行していることを紹介
　し，もって公衆の注意を喚起するというものであり，客観的に時事の事
　件の報道と認められます。

②　第2に，報道の方法が写真，映画，放送その他の方法であることが必
　要です。この「その他の方法」には，本問のような新聞・雑誌も含まれ

ます。

③ 第3に，41条の利用の対象となる著作物には2種類ありますが，本問では，事件を構成し事件の内容となっている著作物にあたると考えられます。

④ 第4に，あくまで報道の目的に応じ正当な範囲に限り利用することができます。正当な範囲というのは，報道の目的を達するために本当に必要かどうかという観点から判断する必要があります。本問では電報の全文を掲載することによって，ヤミ金による恐喝の手口の全貌が明らかとなり，もって公衆の注意を喚起するという報道目的をより実現できると考えられますから，電報の全文を掲載することも「正当な範囲」の利用ということができるでしょう。

⑤ 最後に，著作物の出所を明示する慣行があるときは，その利用の態様に応じて合理的と認められる方法および程度によって，その出所を明示しなければなりません（著作権法48条1項3号）。しかし本問のような場合はそのような慣行はないと思われますから，特に問題とはならないでしょう。

以上から，本問の電報の利用は，いずれの場合でも，ヤミ金業者の許諾なくして利用することができます。

［芹澤　繁］

Q49 報道と背景の絵

報道のために人物の現場写真を撮ったところ，バックに絵が展示されていたので，偶然に絵も写真に写ってしまいました。この写真を雑誌に掲載する場合，絵の著作権者の許諾が必要ですか。

A 絵の著作権者の許諾は不要です。

解　説

　この場合は，「事件の過程において見られる著作物」とされ，「報道の目的上正当な範囲において複製」することができるからです。

(1)　絵画は著作権法の保護の対象

　絵画は通常「著作物」として著作権法による保護の対象となります（著作権法10条1項4号）。

　ところで，著作権法41条は「写真，映画，放送その他の方法によって時事の事件を報道する場合には，当該事件を構成し，又は当該事件の過程において見られ，若しくは聞かれる著作物は，報道の目的上正当な範囲において，複製し，及び当該事件の報道に伴って利用することができる。」と規定しています。

　本条は，時事の事件を報道する場合には，その事件の内容となっている著作物自体を報道対象とすることが報道目的上当然に必要な場合と，その事件中に出現する著作物を当該事件の報道に伴って付随的に利用する結果となる場合とについて，これらの著作物の利用を報道の目的上正当な範囲内において認めたものです。

(2)　「事件の過程で見られる著作物」の取扱い

　本問では，報道のために人物の現場写真を撮ったところ，バックに絵が展示されていたので，偶然に絵も写真に写ってしまったということですが，この報道が客観的に時事の事件の報道であると認められることを前提に考えますと，本問の絵画は事件の過程で見られる著作物ということになります。

　この絵画の複製写真を雑誌に掲載する際の態様が，報道の目的を達するために必要な限度を超えている，例えば，当該写真の中で，報道の対象となった人物を端にして絵画をことさら中心にしているなどといった事情がなければ，著作者に対する許諾なくして雑誌に掲載することができます。

　なお，本問の写真が，人物の背景に何か絵らしき物が写っているという程度のものである場合，そもそも著作物を複製していることにはなりませんので，上記のような要件を満たさなくても利用することができます。この点，背景に書作品が写り込んでいた写真について，どのような場合に書作品の複製となるかの判断を行った判例があります（別冊ジュリスト『著作権判例百選〔第3版〕』2001年，有斐閣，33頁，「『背景の書』事件」）。詳しくはQ50をご参照ください。

〔芹澤　繁〕

Q50 背景の書

　ある茶室内を撮った写真を使用しようとしたところ，壁にかかっていた書作品も一緒に写っていました。撮影者だけでなく，この書作品の著作権者にも許諾を得る必要がありますか。壁にかかっていたのが絵だった場合はどうですか。

A 写り方によって，許諾を得る場合とそうでない場合とがあります。

解説

(1)　書作品

①　書作品の著作物性

　書作品の場合，そもそも著作物性が認められるのか，という問題があり

ます。なぜなら書作品を構成する要素である1つ1つの文字は，情報伝達という実用的機能を担うものであり，特定人の独占を許すべきものではないので，文字の形である字体には著作物性は認められないと一般に考えられているからです。

　しかし，書作品を目にした我々がある種の芸術性を感じ，感動を覚えることは否定できません。詳細に分析すると，書作品は，文字および書体の選択，文字の形，太さ細さ，方向，大きさ，全体の配置と構成，墨の濃淡と潤渇などの表現形式を通じて，文字の形の独創性，線の美しさと微妙さ，文字群と余白の構成美，運筆の緩急と抑揚，墨色の冴えと変化，筆の勢い，ひいては書家の精神性までをも見る者に感得させる造形芸術であると言えます。書作品の著作物性を根拠付ける創作性も，字体のほか上記の美的要素にも目を向けた検討をすべきでしょう。結論としては，多くの書作品には著作物性が肯定されると考えられます。

② 　複製の成否

　さて，写真内に書作品が写っている場合，この写真は書作品を無断複製したことになり，使用にあたっては，撮影者に加えて，書作品著作権者の許諾を得ることが必要という結論になりそうです。

　しかし，背景として写り込んでしまった作品の場合には，ピントも合っておらず小さ過ぎて鑑賞にたえるものではないという場合も多いのではないかと思われます。このような場合にも著作物が写真内に写り込んでいるというだけで，すべて複製と言えるかは慎重に考えるべきでしょう。というのは，複製とは，「有形的に再製すること」であり（著作権法2条1項15号），再製と言うからには，元の思想・感情が，看取できるものでなければならないからです。

　本問と同様の状況を扱った事件の判決は以下のように述べています。

「ア　……著作物の複製とは，既存の著作物に依拠し，その内容及び形式を覚知させるに足りるものを再製することであって，写真は再製の一手段ではあるが（著作権法2条1項15号），書を写真により再製した場合に，その行為が美術の著作物としての書の複製に当たるといえるためには，一般人の通常の注意力を基準とした上，当該書の写真において，上記表現形式を通じ，単に字体や書体が再現されているにとどまらず，文字の形の独創性，線の美しさと微妙さ，文字群と余白の構成美，運筆の緩急と抑揚，墨色の冴えと変化，筆の勢いといった上記の美的要素を直接感得することができる程度に再現がされていることを要するものというべきである。

イ　このような観点から検討すると，本件各カタログ中の本件各作品部分は，上質紙に美麗な印刷でピントのぼけもなく比較的鮮明に写されているとはいえ，前記(1)ウ，エの紙面の大きさの対比から，本件各作品の現物のおおむね50分の1程度の大きさに縮小されていると推察されるものであって，「雪月花」，「吉祥」，「遊」の各文字は，縦が約5〜8mm，横が約3〜5mm程度の大きさで再現されているにすぎず，字体，書体や全体の構成は明確に認識することができるものの，墨の濃淡と潤渇等の表現形式までが再現されていると断定することは困難である。」「なお，控訴人は，書に詳しくない控訴人が本件カタログ中に本件各作品が写されているのを偶然発見し，これが本件各作品であると認識した旨主張するが，ある書が特定の作者の特定の書であることを認識し得るかどうかということと，美術の著作物としての書の本質的な特徴を直接感得することができるかどうかということは，次元が異なるというべきである」

（東京高判平成14年2月18日「照明カタログ『書』複製事件」）

本問においても，再現の程度が低く，「複製」にあたらない場合は，許

諾は不要との結論になります。事例ごとに判断は当然分かれますが，書作品の美的要素を直接感得するためには一定の大きさ・鮮明さが必要でしょうから，背景として写っているに過ぎないような場合は，「複製」にあたらない場合が多いだろうと思います。

⑵　絵の場合

基本的には，書作品と同様に考えていいでしょう。

ただ，絵画の場合は，書作品の美的要素に加えて，対象物の形状や色彩という美的要素も考慮される点に鑑みれば，一般的に言えば，「複製」にあたると判断される可能性が書作品と比較して大きくなると思います。

⑶　平成24年改正（著作権法30条の２）

平成25年１月１日から施行された著作権法30条の２により，写真の撮影，録音または録画によって著作物を創作する際，写り込んでしまう他の著作物（付随対象著作物）を撮影等の対象から分離することが困難であり，かつ，付随対象著作物が当該著作物において軽微な構成部分である場合には，当該付随対象著作物における権利者の許諾なしに，当該著作物を複製・翻案でき，利用できることが明示されました。

本問のような場合に「写り込んでしまう他の著作物（付随対象著作物）を撮影等の対象から分離することが困難」という要件を満たすのか疑義がありますが，今後の判例の具体的な判断の集積を待ちたいと思います。

⑷　令和２年改正（著作権法30条の２）

さらに対象範囲を拡大する改正がなされました。

①　対象行為が従前は写真撮影・録音・録画に限定されていたのが，複製・複製を伴わない伝達行為全般に拡大されました。

②　従前は，著作物の創作行為を行う場面に限定されていましたが，この限定を無くしました。固定カメラでの撮影やスクリーンショットなど，創作性が認められない行為を行う場面における写り込みも含まれることとなります。

③　従前は，メインの被写体から分離困難な著作物の写り込みだけが対象でしたが，メインの被写体に付随する著作物であれば分離困難でないものも対象となりました。従前議論があった子供にぬいぐるみを抱かせて撮影する場合のぬいぐるみも対象に含まれることとなりました。

④　「軽微な構成部分」か否かを判断するための考慮要素（全体に占める面積などの割合，画質・音質など）が明記されました。

[雪丸真吾]

Q51　新聞記事の見出し

新聞記事の「見出し」のみを集めた本を出版することは，新聞社の許可が必要ですか。

A 見出しはごく短い表現であることが多いため，著作物性がなく，許可を得ずに利用可能な場合が多いと考えられます。

解　説

見出しや題号のような短い表現が著作物に該当するかについては，判例上，「表現上の創作性とは，独創性を有することまでは要せず，筆者の何らかの個性が発揮されていることで足りると解すべきであるが，創作物が言語によるものである場合，ごく短い表現や，平凡かつありふれた表現などにおいては，筆者の個性が発揮されているということは困難であり，創

作的な表現であるとはいえないと解すべきである」（東京地判平成17年12月26日）との基準が示されています。

　この基準に基づき，平成16年3月24日東京地判平成14年（ワ）第28035号・平成17年10月6日知財高判平成17年（ネ）第10049号著作権侵害差止請求事件の判決は，新聞社がホームページ上に掲載した記事の見出しについて，いずれもありふれた表現であるとして著作物性を認めませんでした。

　この裁判では，「マナー知らず大学教授，マナー本海賊版作り販売」と，「マナー知らず」，「マナー本」という言葉を並列的に並べて対比させ，韻を踏んでリズミカルな表現とした見出しや，「E・Fさん，赤湯温泉でアツアツの足湯体験」など，「アツアツ」という1つの言葉で，2人の仲が良いことと温泉のお湯が熱いことの2つの意味を表現した見出しなど，表現にそれなりの工夫をした見出しにつき，新聞社が著作物性を主張しましたが，裁判所はいずれもありふれた表現であるとして著作物性を認めませんでした。こうした裁判所の判断からすると，題号や見出し等，字数の限られた短いものについては著作物性が認められにくく，仮に認められたとしてもその保護範囲は狭いと考えられます。

　このように，見出しや題号等に著作物性が認められなければ，新聞社の許可を得ずに利用することが可能です。

　なお著作物性が認められず著作権侵害が成立しない場合でも，見出し等が法的保護に値する利益に該当するとして，その利用に不法行為が成立するかが問題となり得ます。

　この点，従来は，新聞社の見出しは，新聞社の多大な労力，費用をかけた一連の活動が結実したものであるため，著作権による保護までは認められないものの，法的保護に値する利益であるとして，その利用につき不法行為の成立を認める判決も出されていました（上記知財高判平成17年10月6日）。

しかしながら，北朝鮮映画事件に関する平成23年12月8日最高裁判決は，著作権法6条各号「所定の著作物に該当しない著作物の利用行為は，著作権法が規律の対象とする著作物の利用による利益とは異なる法的に保護された利益を侵害するなどの特段の事情がない限り，不法行為を構成するものではない」との判断を示し，その後同旨の判決が多く出されているため（大阪高判平成26年9月26日，知財高判平成26年1月22日，知財高判平成25年12月17日等多数)，判例上はこの判断が定着していると言えます。

　したがって，見出しや題号に著作物性がない場合には，その利用について別途不法行為が成立する可能性は低く，基本的に自由な利用が可能と考えられます。

［近藤美智子］

第3章

引用の要件とは

編集長，新しい企画の話なんですが。

お，聞かせてもらおうか。

舞台はイギリス，さえないメガネ男子に実はすごい出生の秘密があって，特殊な学校に入ってそこの同級生たちと様々な冒険を繰り広げるファンタジーです！

…なんだか，どこかで聞いた話だな。でもアイディアの借用なら加工次第でなんとかなるけど。

で，ストーリー中にイギリスで出版されている書籍の一部が引用されてますが，大丈夫ですかね？

なに引用？　うさんくさいなあ。本当に引用ならいいけど，他人の著作物の利用じゃないだろうな。

その書籍の誕生の秘密をコンパクトにして使おうと思っています。そのまま利用するわけじゃないんで…。

その企画ボツ。

公表された著作物

Q52 引用の対象

亡くなった有名な芸術家が制作した絵画を論評するために引用したいと思っています。この絵画はご自宅にあり，ご遺族の方だけが知っていた絵画です。これを引用したいのですが，気を付けることはありますか。

A 公表されていないのであれば，引用をすることはできません。

解 説

引用の要件を定める著作権法32条は，「公表された著作物は，引用して利用することができる」としています。ですから，そもそも公表されていないものについて，引用することはできません。そして，「公表」とは，単に公表されただけでは足りず，「権利者によって適法に公表された」ものでなければなりませんから注意が必要です。

［福市航介］

Q53 公 表

「公表」とは何ですか。

A 出版のような複製物にあっては「発行」されていること，上演，公衆送信，放送のような無形的な伝達方法にあっては「公衆に提示」されていることです。著作権法4条に「公表」の定義があります。

［北村行夫］

Q54 「発行」による公表

では，「発行」とは何ですか。

A 著作物が複製物の形で公衆に頒布されることで，かつ，その量が「その性質に応じ公衆の要求を満たす相当程度の部数」であって，その複製・頒布行為が「複製権を有する者，その許諾を得た者，出版権を得た者，その許諾を得た者（複製権を有する者の同意が必要です）」のいずれかの主体，によってなされたもの，すなわち適法なものであることです（著作権法3条）。

［北村行夫］

Q55 外国での発行と日本での公表

外国で複製・頒布された書籍は，日本においても公表された著作物と言えますか。

A この洋書について，「その性質に応じ公衆の要求を満たす相当程度の部数」（著作権法3条1項）が日本で輸入・頒布されているかどうかによります。⇒Q57参照

[北村行夫]

Q56 「公　衆」

「公衆」とは何ですか。

A 「特定多数人」または「不特定人」のいずれかのことです（著作権法2条5項）。

特定多数人を含む点で，通常の公衆という概念より広く，例えば，特定政党の党員集会でも人数が多ければ，これにあたります。

[北村行夫]

Q57 公表となる量

「公衆の要求を満たす相当程度の部数」とはどのくらいですか。

A 著作物の種類・性質によって異なるので一概には言えません。

しかし，印刷物なら何十部以上，映画のプリント（フィルム）なら数本というニュアンスがある（加戸77頁）とされています。

[北村行夫]

Q58 ┃ 「提示」による公表

「提示」とは何ですか。

A 複製以外の方法すなわち無形的な方法で，当該著作物が公衆に伝達されることです。無形的な方法の具体例としては，上演，演奏，上映，自動公衆送信以外の公衆送信（例えば放送，有線放送），自動公衆送信（インターネット送信），送信可能化（インターネットサーバーへのアップロード），口述，展示です。

［北村行夫］

Q59 ┃ 私信と公表

個人から個人に送られた手紙は，公表された著作物にあたりますか。

A その段階では，公表にあたりません。

解　説

公衆に頒布または提示されていないからです。参考判例として，東京高判平成12年5月23日「三島由紀夫手紙事件」があります。

［北村行夫］

Q60　美術作品としての手紙

多数の書家から戴いた手紙を市の公民館で1カ月間展示しましたが，その中の気に入ったものについて，本に引用することができますか。

A できます。　どのような目的で利用するのかわかりませんので，引用の可否自体は判断できません。

解　説

　しかし，それらが美術の著作物と認められるなら，所有者によって適法に展示されている（著作権法45条）ので，著作権法4条4項により公表された著作物にはあたります。あとはその他の要件を満たすか次第です。

［北村行夫］

明瞭区分

Q61 明瞭区分の方法

「明瞭区分」とは，具体的にはどんなことですか。

A 被利用者の著作物が，利用者の著作物とは別であることがわかるように，利用者の表現部分から区別されていることです。

解　説

　一般的な方法は，カギカッコで括るというやり方です。しかし，これに限られるわけではありません。改行，字下げ，フォント，ポイント，スペース，枠付けなど様々な方法が考えられます。

　なお，この「明瞭区分」という言葉はパロディ・モンタージュ写真事件最高裁判決（昭和55年3月28日）で使われた言葉ですので，いわゆる2要件説では必須です。しかし，この説だけではなく，いわゆる総合考慮説でも必要な要素なので注意が必要です。なぜなら，利用者の表現部分と被利用者の表現部分が区別されていないと，批評の対象がわからなくなりますし，被利用者は自分の表現があたかも利用者の表現として受け取られるという不利益を被るからです。

［福市航介］

Q62　フォントを変えたが区別しにくい場合

フォントで区別したつもりが，両フォントの字体が似ていて，一見しただけでは読者からは区別がつきにくい場合は，明瞭区分の要件を欠くのでしょうか。

A 欠くと言わざるを得ません。

解　説

明瞭区分とは，一般の読者を基準として，文字どおり明瞭に区別できるものでなければならないからです。

[北村行夫]

Q63　カギカッコを使わない方法

歴史小説の中に，史料をうまく導入したいのですが，引用の形をとるとストーリーの流れがギクシャクするので，カギカッコ等を用いないようにしたいのですが，ダメですか。

A ダメとは限りませんが，カギカッコ等をつけずになおかつ明瞭区分することは，かなりテクニックを要することです。

解　説

この点で，司馬遼太郎さんは，小説の流れを崩すことなく，かつ明瞭区分の要件を害することなく，引用を実践していた方と評価されているので，ここから大いに学ぶべきでしょう。

[北村行夫]

主従関係

Q64 主従関係

2要件説でいう「主従関係」とは何ですか。

A 理解するのが難しい概念ですが，下記のように定義されます。

解 説

　利用者の表現が「報道，批評，研究その他の引用の目的」で行われ，そのような表現の中で，他人の著作物の利用行為が，利用者の目的にとって従たる関係にあるということです。

[北村行夫]

Q65 従たる関係の意味

　他人の著作物を批評のために利用するということは，被利用物が主たる地位を占めるということになりますか。

A そうはなりません。

解 説

　引用の要件としての「主従関係」における「従」とは，「報道，批評，研究その他の引用の目的」に照らして，被利用著作物を利用する行為の方法・程度・態様が，その目的の範囲にあるという意味です。

　引用は，利用する側の表現と，被利用著作物という別個の表現があるこ

とを前提にしています。もとより批評という行為にとっては，批評の対象たる著作物は，重要な，それこそ不可欠な地位を占めますから，その意味からすれば，その行為の対象たる他人の著作物が主たるものであるということも言えなくもありません。しかし，引用に言う「従」とは，批評表現全体の中における被利用著作物の重要性の大小のことではないのです。

　他人の著作物を利用する側の目的である「報道，批評，研究その他」という利用行為を「主（たる行為）」としたうえで，その目的の範囲内に収まっている利用行為でなければならないという意味で「従」なのです。

　このような利用行為の場合にまで著作権者の許諾を必要とすると，著作権者の意思によって，「報道，批評，研究その他」の目的を達し得ない場合が生じてくることに着目したものですから，利用行為がこの目的の限度内で行われている場合に限り，著作権者の許諾を要しないこととされ，適法な引用と認められているのです。

[北村行夫]

Q66 「主」とは何か

主従関係というのが，いまひとつピンとこないのですが。

A　多くの方がそう言われます。その理由の大半は，主従関係を「従とは何か」という方向から見ることにあります。
しかし，「主とは何か」についてもっと究明しないと，従とは何かが明らかにならないと言うべきです。

[北村行夫]

Q67 「従」とは何か

従とはどういう意味ですか。

A 他人の著作物の利用が，「報道，批評，研究その他」という目的の
ために行われる場合です。そして，従とは，この目的の範囲内に
ある行為だということです。

［北村行夫］

Q68 「その他の目的」

「報道，批評，研究その他」の「その他」にはどんな行為が含まれ
ますか。

A 評論，解説，分析などは，例示された行為のいずれかに該当する
か，そうでないとしても「その他」に含まれると言うことに異論
はないはずです。

　例示されたものに共通するのは，報道や批評や研究においては，それら
の性質上他人の著作物の利用が，批判的，否定的に行われる場合を含む行
為だという点です。ところが，こうした批判，否定の行為や対立があって
こそ，両者に共通するテーマが発展するという人類の歴史的経験がありま
す。
　すなわち，例示された行為の保護は，言論・報道・学問の自由に裏付け

られた社会を発展させることになるので，引用規定がある，ということではないでしょうか。

　したがって，こうした意味での「拒絶可能性の事前回避」を類型的に必要とする行為が「その他」の中に入ると言うべきではないでしょうか。

　しかし，このことは，ここにいう「その他」が，「拒絶可能性の事前回避」の場合に限定されるということではありません。例えば，「美術鑑定書」を「その他」の1つとみることができます。この場合に，当該美術作品の写真（複製物）を添付することは，その目的の範囲内の従たる利用となりうると認められる場合があります（知財高判平成22年10月13日）。

　この場合には，当該写真が鑑定書と一体的に用いられるなどの手立てが高じ，それによって当該著作物の著作権者の権利を不当に害することがないようにしていなくてはなりません。なぜなら，引用行為の目的に対する従たる関係は，主観的なものではなく，「公正な慣行に合致」するものでなくてはならないからです。

［北村行夫］

Q69　広告への「引用」

広告への引用はあり得ますか。

 A ないと思います。

解　説

　広告目的で利用される著作物が，その著作物が本来有する鑑賞性・説明性等を離れて批評等の目的で利用され，それでもなお広告目的を兼ねるというケースを具体的に想定できないからです。

　もっとも，広告の公共性の強化，多様化の中でそのようなスタイルの広告（例えば意見広告）が将来ともにあり得ないとは理論上は断言できません。その場合には，その広告利用が従たるものと言えるかが問題となるでしょう。

［北村行夫］

Q70 テスト教材への小説の一部利用

テスト式教材への小説の利用は引用ですか。

A 引用とはなりません。

解　説

　なぜならそのような教材作成行為は，教材の編集や設問の前提として，他人の著作物たる小説を生徒・学生に鑑賞させ，その理解のためにあるいは理解度を計るために，設問を付加しているに過ぎません。この点で，著作権者からすれば，教材への著作物の利用は，一般の著作物の複製と変わらないからです。

　言い換えれば，批評等の目的の場合と異なり，設問に集約される教育目的があるからといって，その目的は必ずしもその被利用著作物の利用を必然化するものではありません。教育目的だということで，教材作成者による他人の著作物の利用が，著作物の鑑賞とは異なったものになるわけではないからです。この点の詳細は，第4章を参照して下さい。

［北村行夫］

Q71 引用と利用の率

他人の著作物を100パーセント利用しても，引用になることはありますか。

A あり得ます。

解　説

このような場合は，量的に見ると従たる利用とは言えないとの疑問を生じるかもしれません。しかし，例えば，俳句の批評のためには，通常は俳句の表現をすべて利用しなければなりません。

適法な引用において，従たるものとして利用される著作物の量は，一律には決まりません。結局，批評その他の目的に必要な限度の量（率）であるか否かという具体的な事情に基づいて決せられます。

［北村行夫］

Q72 引用と利用の量

他人の著作物を批評するときに，自分の著作物の分量が少ないと引用にならないのですか。

A そんなことはありません。

解　説

他人の著作物に対する寸鉄の評言が引用にならず，冗長な批評なら引用になるということはあってはならないことです。

　適法な引用において，利用する側の表現と利用される著作物との多寡は一律には決まらず，結局，具体的な事情のもとで，批評その他の目的にとって必要な限度の量の利用か否かによって，決せられます。

［北村行夫］

Q73　鑑賞できると引用にならない？

鑑賞できるような利用では，主従関係はないのですか。

A 必ずしもそうとは言えません。

解　説

　従たる関係にあってもなお鑑賞し得るという場合はあるからです。例えば，小説の一場面を挙げて批評した場合には，その限度で鑑賞可能ですが，それがその場面の表現の巧みさを批評するうえで必要であれば，従たるものと評価されます。

　注意しなければならないのは，このことと鑑賞を専らあるいは主たる目的とする利用は，別だということです。この場合には，著作物本来の（独立した）目的による利用なので，そもそも主従という関係になく，従たる利用とは言えません。

［北村行夫］

Q74 孫引き

Bの出版物に掲載されている文章を自己の出版物にそのまま掲載しようと思い，Bに許諾の問合せをしたところ，この文章は，実は，Bが著作者Cの出版物に掲載されていたものを利用したものであるので，そちらにも問い合わせてくれと言われました。この場合，Cから許諾を得る必要があるのですか。

A Cから許諾を得るべき場合と，引用として許諾を得る必要がない場合とがあり得ます。

解 説

　まず，Cの文章もBの文章も著作物であり，CおよびBがそれぞれの文章の著作権者であると仮定します。そうすると，Bの文章を利用するためには著作権者であるBの，Cの文章を利用するにはCの許諾を得る必要があるのが原則となります。

　もっとも，利用する側の文章との関係で，引用の要件を満たせば，BまたはCの許諾を得ずに利用することが可能です。引用として許諾を得ずに利用するためには，公表された著作物であること，出所表示が行われることに加え，引用の目的上正当な範囲内であり，かつ公正な慣行に合致していることが必要となります。そして，引用の目的上正当な範囲内であり，かつ公正な慣行に合致しているかの判断に際しては，<u>他人の著作物を利用する側の利用の目的のほか，その方法や態様，利用される著作物の種類や性質，当該著作物の著作権者に及ぼす影響の有無・程度などが総合考慮されることとなります。</u>

　そこでまず利用対象が，Bの出版物に掲載されたCの文章部分のみであ

る場合には，Cの著作物の種類や性質，引用する側の文章においてCの文章を利用する必要性や，利用方法，態様等が問題となり，Cの文章が，引用する側の文章の報道，批評，研究等の目的の範囲内にとどまる利用として引用の目的上正当な範囲内であり，かつ公正な慣行に合致する場合には，Cの許諾を得ることなく利用することが可能です。この要件を満たさない場合には，Cの許諾を得る必要があります。

　次に利用対象の文章が，Cの文章を含むBの文章である場合ですが，この場合も，B，Cそれぞれの文章につき，引用する文章との関係で引用の目的上正当な範囲内か，公正な慣行の要件を満たすか，との点を検討する必要があります。いずれの文章も，引用する側の文章の目的に必要な範囲で利用されているのであれば，引用としてBおよびCいずれの許諾も得ることなく利用が可能となります。このように，他の著作物中で引用がなされている部分を，その原典・原本を調べることなくそのまま自分の著作物に引用することを孫引きといいます。孫引きにおける出所表示については，Q77を参照してください。

　他方，引用する側の文章との関係では特に必要がないにもかかわらず，単にBの文章に利用されているからとの理由だけでCの文章の全部または一部を利用するような場合には，引用の目的上正当な範囲内とは認められないため，Cの許諾を得る必要があります。

［近藤美智子］

第IV節

出所明示

Q75 出所明示とは

出所明示という言葉をたまに聞きますが，どういう意味ですか。

A 引用について言えば，引用した著作物の引用部分の直後に，著作物の題号・著作者名などを，引用した著作物を特定できる程度に示すことです。

解　説

　著作権法は，著作権者の許諾なく著作物の複製・利用ができる場合，すなわち著作権が制限される場合（著作権法32条〜42条，46条，47条）でも，その著作物を複製・利用する場合にはその著作物の出所を，「その複製又は利用の態様に応じ合理的と認められる方法及び程度により，明示しなければならない。」（同法48条1項）と規定しています。また，これに違反した場合には，罰則（50万円以下の罰金）も定められています（同法122条）。

　これは，著作権を制限する諸規定により著作権者の許諾なく著作物の利用が認められる場合でも，その出所を明示させることで著作物の保護を図ったものと一般に解されています。

　なお，出所明示を怠ることは著作権侵害になるものではなく，また著作者人格権である氏名表示権や同一性保持権などの侵害とも区別すべきものと解されます。したがって，出所明示を怠ったからといって著作権侵害になるわけではありませんが，他人の著作物を利用するに際しての著作者に対する1つの法的義務に違反したものとなります。

［亀井弘泰］

Q76 　出所明示の場所

出所明示を記載する場所はどこですか。

A 　出所明示の記載をする場所は，引用の場合，原則として著作物を引用した直後に示すべきです。

解　説

　直後に入れると文章としてのつながりがわからなくなるなど，やむを得ない場合には，引用した部分を含む節や章の最後に示すことも考えられます。いずれにしても，可能な限り直近となるようにすべきです。巻末にまとめて表示することは当然に合理的な方法とは認められないでしょう。

　やむを得ず巻頭や巻末にまとめて記載する場合でも，いわゆる参考文献の表示は，出所明示にはあたりません。引用されたことが明らかにされておらず，引用された部分を明らかにできるものではないからです。

　どのような方法で，どの程度詳しく出所を明示するかについて，法律上は，その複製または利用の態様に応じて，合理的と認められる方法および程度によることと規定されているだけです。したがって，引用した著作物と引用範囲を特定できる程度かどうか，社会通念に基づき常識的に判断するしかありません。

　まず，どこまで示すべきかという程度の問題ですが，著作物の保護を目的としている以上，その著作物を特定する題号（表題および副題）を示す必要があります。

　また，著作権法48条2項は，出所明示には原則として著作者名を示さなければならないと規定していますので，著作者名は原則として必須です。

　これらのほかに，第○巻第○号といった巻数号数，改版されている場合

には第何版か，公表された年，雑誌や論文集などの場合は掲載雑誌名や論文集名，さらに，出版社名や引用個所のページ数なども出所表示の要素と考えられます。これらを利用者側の表現物の性質が学術性の強いものであれば，後学の者が原文にあたれる程度に詳しく記載するといったことが要求されます。

　何が合理的な表示かは，著作物の種類によっても異なります。言語の著作物であっても，講演など口述されたものであれば，講演場所や講演日時も示すべきでしょう。写真や絵画を引用した場合には，写真や絵画のサイズ，種類，画材など写真や絵画を特定できる事項に加え，一部の引用であれば一部であることを，色彩のあるものを白黒で引用した場合には原典がカラーであることも示さなければなりません。

［亀井弘泰］

Q77　孫引き引用と出所明示の方法

孫引き引用の出所明示の方法を教えて下さい。

A　孫引き引用した部分の直後に原本・原典の出所を明示し，その部分を含む節や章の末尾に一次引用した著作物の出所を明示します。

解　説

(1)　孫引き引用

　孫引き引用とは，他の著作物中で引用がなされている部分（解説上，引用されている部分を「原典」，原典を引用した他の著作物を「一次引用」とします）を，その原典を調べることなく，そのまま自分の著作物に引用することを言います。例えば，Bという著作物の中でAという原典が引用

されていた場合に，原典Aを調べることなく，Bの一次引用部分だけを見て，原典Aを引用することです。

　孫引き引用は，そもそも一次引用部分が原典を必ずしも正確に引用しているとは限らないことから，本来は避けるべきです。やむを得ずにする場合でも，一次引用部分が信頼できるものかどうか十分注意する必要があります。

(2)　孫引き引用の出所明示
　孫引き引用をした場合には，原典とともに，それを一次引用した著作物の出所も明示するべきです。
　一般に合理的と考えられる出所明示の方法は以下の例示のとおりです（宮田昇『学術論文のための著作権Q＆A〔新訂2版〕』2008年，東海大学出版会，12頁）。まず孫引き引用をした部分の直後に原典の出所を明示し，そこに注を付け，その部分を含む節や章の末尾に一次引用した著作物（つまり，孫引き引用したあなたが実際に見た著作物）の出所を明示します。

〔例示：原典A，一次引用した著作物Bのとき〕
　〈引用部分の直後に〉
　　「……（引用部分）……」（原典Aの出所を明示。「注1」など，注記があることの表示）
　〈その節，章の末尾等の注記部分に〉
　　注1（一次引用した著作物Bの出所を明示）

〔亀井弘泰〕

Q78 ウェブサイトから引用する際の出所明示

ウェブ上の写真やサイト画面などを引用する際，出所明示はどのようにすればよいですか。

A 引用したい写真やサイト画面の直近に，ウェブサイト名，当該サイトのURL及び運営者名を記載してください。
具体的には以下のようなイメージです。このとき，明瞭区分などの引用の他の要件を満たすよう注意してください。

解 説

虎ノ門総合法律事務所のHP中の「Useful→visual」の頁では，取扱い事件や所属弁護士の紹介にとどまらず，視て楽しむサイトをモットーに，所員が体験した食や美術，旅行などの文化的な事柄についてもご紹介しています。ぜひ一度ご覧ください。

ウェブサイト名：Translan
　　　URL：http://www.translan.com/useful.html
運営者名：虎ノ門総合法律事務所

[宮澤真志]

引用に関するその他の問題〜要約・その他

Q79　要約・抄録と引用

私は，昭和の小説の潮流を考察する本を書いています。その中でいくつかの本についてストーリーを要約して紹介したいのですが，作家の許可がいるでしょうか。

A 要約の程度によって，原著作者の許諾が必要になる場合と，許諾が不要な場合とに分けられます。

解　説

　ご質問では，既存の小説を要約して利用したいということですので，利用する元の文章に創作性があることは当然の前提となるかと思います。

　このような場合，原著作物の創作性を利用して新たな著作物を作成することは，二次的著作物の作成であり「翻案」にあたりますので，原著作者の許諾がない限り，原著作物を要約して作った文章を利用することはできないこととなります（著作権法27条）。

　なお，要約による引用（同法32条1項）に関し，そのような利用は著作権法47条の6第1項3号に含まれ，適法であるとする裁判例が出されていますが（東京地判平成10年10月30日「『血液型と性格』要約引用事件」），この判決には専門家の間でも批判が強く，また同様の内容の判決がその後高等裁判所や最高裁判所で出されているわけでもなく，地方裁判所レベルにおいても同様の内容の判決が続いているわけではないため，裁判所全体の見解か否かは明確ではありません。

　したがって，現時点においては，原著作物の創作性を利用して新たな著

作物を作り出したうえで，これを利用することは，翻案権侵害となるものと考えておかれたほうがいいでしょう。

　以上のとおり，もとの小説の要約文が，原著作物の創作性を利用している場合には「翻案」にあたるため，原著作者の許諾がない限りこれを利用することはできないこととなりますが，一方で，要約した文章が原著作物の創作性を利用していない場合には「翻案」にあたらないため，これを利用するには原著作者の許諾は必要ありません。

　要約文が原著作物の創作性を利用しているのかいないのか，その判断は簡単になし得るものではありませんが，小説の目的，設定等のみを記載したような文章（いわゆる「指示的抄録」）であれば，創作性を利用していないと解される場合がほとんどでしょう。

　これに対し，小説の内容を含めて要約したような場合には，その要約の程度（小説の筋の大きな骨格のみがわかる程度か，小説の場面場面が思い浮かべられる程度か等）によっては，文章に原著作物の創作性が利用されていると判断される余地が出てくることとなります。

　要約文は原著作物の創作性を利用しているか否かの判断は極めて難しい部分ですので，明らかに創作性の利用がないという場合でない限りは，原著作者に許諾を得て利用するべきでしょう。

　また，原著作者の許諾は得られないものの，要約文をどうしても利用したいという場合には，この要約が原著作物の創作性を利用しているか否か，言い換えると翻案権侵害となるのか否か，事前に弁護士に相談をされたうえで利用されるといいでしょう。

［吉田　朋］

Q80 引用の際の修正

引用したい文に誤植がある場合，勝手に直していいでしょうか？

A 引用の際には誤植があっても，同一性保持権侵害となりますので，訂正してはなりません。

解　説

　引用の要件はすべて満たすことを前提として引用を行う場合に，原著作物の一部を原著作者の許諾なく変更することは，原則的には同一性保持権侵害に該当します。すなわち，著作者は著作者人格権の１つとして，著作物の内容について他人に無断で改変されない権利，「同一性保持権」を有していますので（著作権法20条１項），これに反するような「改変」行為があったという場合には，当該行為の差止め，慰謝料請求等をなし得ることとなります。

　ここで，「改変」とは，著作物の外形的表現方式に増減変更が加えられることを指すものと解されますので，原著作物に誤植と思われる記載がある場合においても，これを変更することは外形的表現方式の変更ですから「改変」にあたり，そのような変更は原則，同一性保持権侵害となると考えられています。

　裁判例としては，送り仮名の変更，読点の削除，中黒「・」の読点への変更，改行の変更が同一性保持権侵害とされたものがあります（東京高判平成３年12月19日「法政大学懸賞論文事件」）。

　ただ，例外的に改変行為があっても，同一性保持権侵害とならない場合があります。それは，著作権法20条２項各号に規定されている事項がある場合です。この中でも，一般の引用という観点から出てくるのは同条項４

号の場合です。同条項 4 号は，「前 3 号に掲げるもののほか，著作物の性質並びにその利用の目的及び態様に照らしやむを得ないと認められる改変」と定めておりますが，この規定に該当する場合には，引用の際に改変を行っても同一性保持権侵害にはならないということとなります。

　裁判例としては，「小林よしのり『ゴーマニズム宣言』引用事件」（一審：東京地判平成11年 8 月31日，控訴審：東京高判平成12年 4 月25日）において，もとの漫画を引用する際に，①原カットで醜く描写された人物につき両目部分に黒い目隠しをした点，②原カット内に記載された文言を丸で囲み，漫画の欄外に向かってそれぞれ線を引いた先に新たな文言を記入した点，③原カットでは 3 カット横並びであったものを，左の 1 カットを中のカットの下に配置した点が，それぞれそもそも「改変」にあたるのか，改変だとして「やむを得ないと認められる改変」にあたるのかが争われました。

　裁判所は，一審・控訴審ともに，①の目隠しは「改変」にあたると認定したうえで，「描かれた人物は同人がこれを見れば不快に感じる程度に醜く描写されており名誉感情を侵害するおそれが高い」，「目隠しによってそのおそれが低くなった」，「目隠しは引用者によることが明示されている」という各点をとらえ，「やむを得ない改変」にあたると判断しました。

　②については，一審・控訴審ともに，原カットの内容を完全に認識することができること，加筆をしたのが引用者であることが明らかであって，当該箇所を原著作物の一部と誤解するおそれがないとして，そもそも「改変」にあたらないとしました。

　③のカットの配置変更については，「改変」にあたることは一審・控訴審ともに認定しましたが，「やむを得ない改変」にあたるかでは一審と控訴審で判断が分かれました。

　すなわち，一審では各コマを読む順序に変更が生じる可能性がないこと，

もとのコマ割りで引用するために縮小すると小さな文字で書かれたセリフ部分が判読しにくくなることをとらえ「やむを得ない改変」としましたが，控訴審では文字が判読しにくい点は本文中で引用すれば足りること，縮小しなくても原カットのまま引用できる方法があることから，そのような改変は，引用書籍のレイアウトの都合を不当に重視し，原カットの表現を不当に軽視したものとして「やむを得ない改変」にはあたらず，同一性保持権侵害にあたると判断しました。

　このように，引用の際に改変を行った場合でも，「やむを得ない改変」にあたれば同一性保持権侵害とならないこととなりますが，あくまで例外的な場合であり，「やむを得ない改変」に該当するかは，極めて限定的に考えられるものですので，引用の際には著作物の表現をそのまま用いることを原則とし，どうしてもその一部を改変したいという場合には，「やむを得ない改変」にあたるか否か弁護士に相談をされるといいでしょう。

［吉田　朋］

Q81 引用文中のデータの変更

２年ほど前の新聞記事を引用したいと思い，念のため，その旨の許諾を得ようとＢ新聞社に連絡を取ったところ，Ｂ新聞社は，記事掲載当時と現在とでは状況が劇的に変化しているうえ，記事中に用いられた数値データなども完全に変わってしまっているため，今になって出所を明示して引用されると現在の状況と読者が誤解する可能性があるので困るといって許諾してくれませんでした。そこで，Ｂ新聞社の許諾を得ないままに，著作権法32条１項に基づいて上記新聞記事を引用することにしましたが，いったん許諾を求めた以上，もはや著作権法32条１項に基づいて引用することはできないのではないかと心配になりました。引用することは可能ですか。また引用が許されるとした場合，数値データだけ現在のものに変更してしまうことは可能ですか。

A 一度許諾を拒否されても，要件を満たせば引用として利用することは可能です。ただし，数値データについては，許諾を得ずに変更することはできません。

解 説

引用とは，著作物が，先行する著作物等の文化遺産に基づき創作されるものであるという性質を考慮し，法が一定の要件を満たすことを条件として著作権者の権利に制限を加えたものです。したがって，許諾を求めて拒絶されたからといって，引用ができなくなるというものではなく，引用の要件を満たせば許諾を得ずに利用することは可能です。

もっとも，一度著作権者に対して許諾を求めたことによって，著作権者との関係で，許諾を得なければ引用しないという合意が成立し，その後に

許諾を得ずに引用することはその合意に違反することにならないかが問題となり得なくはありません。しかし，許諾を求めるという行為自体は，法的なものとしてではなく，ビジネスマナーの一環として行われることもありますので，一度許諾を求めたことのみをもって，許諾なしに引用しないという合意が成立したと評価される可能性は低いと考えられます。ただし，許諾を得る必要がないのにあえて許諾を求めれば，著作権者に許諾をしない限り利用されないであろうとの期待を抱かせることとなり，無用のトラブルを招く可能性は否定できません。したがって，引用として使用する場合には，最初から，許諾を求める交渉は行わず，仮に礼儀上著作権者に連絡する場合でも，引用の趣旨を説明しつつ引用として利用する旨を連絡するにとどめておくことが望ましいでしょう。

　なお，過去の記事と現在の状況，数値データが変わっているから読者の誤解を招く可能性がある，との新聞社の主張ですが，新聞記事の場合，引用の要件である出所明示の一環として，当該新聞記事の掲載された日付も必要と解されています。したがって，当該記事が過去のものであることは読者が容易に認識できますので，誤解を招いたり，新聞社の利益を害する可能性は低く，この点からも許諾は不要です。

　他方，過去の記事を引用しながら，その数値データだけを修正することは，新聞社の許諾を得なければできません。

　数値データそのものには著作物性はありません（Q18参照）。しかし本件のように，記事の内容が数値データに言及しており，記事がデータに基づいて作成されているような場合には，記事と数値データは一体として一つの著作物となり，数値データも著作物の一部を構成するものと考えられます。

　そこで，このような数値データを修正して利用することが，引用として認められるかが問題となります。この点他人の著作物を引用して利用する

際に，引用する著作物を要約したり，改変したりして利用する翻案引用については，条文上翻訳しての利用しか認められていない（著作権法47条の6第1項3号）ことを理由に否定する見解が有力ですが，これを認めた下級裁判例もあるところです（東京地判平成10年10月30日「『血液型と性格』要約引用事件」）。しかし，翻案引用が認められる場合でも，その利用に際しては，「公正な慣行」，「正当な範囲」との引用の要件に照らし，あくまでも原文の趣旨に忠実な形で行うことが条件と解されています。

　この点，本件における数値データは，過去の新聞記事と一体をなすものであり，数値を変更すれば記事の内容と不一致が生じ，原文の趣旨を忠実に引用することはできないものと思われます。そうすると，このような翻案は引用の要件を満たさず，新聞社の翻案権を侵害するものと考えられます。

　さらに，このような記事と一体として著作物となった数値のデータを書き換えることは，著作物の同一性を侵害するものとして著作者人格権を侵害する可能性もあります。したがってこうした観点からも，本件のような改変は著作権者の許諾がない限り許されません。

［近藤美智子］

Q82　翻訳物と引用

　すでに翻訳物が出版されている著作物を引用する場合，翻訳物の言語，表現でしか引用できないのですか？

A　原著作物を，原文のまま引用することができることはもちろん，原著作物を自ら翻訳して引用することもできます。

[解　説]

　海外の著作物を引用しようとする場合には，原文で引用する場合と，翻訳文で引用する場合とが考えられます。

　また，翻訳文で引用する場合といっても，本問のようにすでに翻訳物が出版されているような場合には，その出版された翻訳物を引用するか，自らが原文を翻訳して引用するか，さらに２つの場合が考えられることとなります。

　結論的には，いずれの場合でも，引用のその他の要件をきちんと満たせば，適法な引用となります。

　まず，原著作物を原文で引用することは，原則どおり著作権法32条１項に基づき行うことができます。

　なお，原文で引用する場合には，出所を明示する場合に，原文で著者名，書名，出版社名，発行年を記載すべきということとなります。

　次に，すでに出版された翻訳物を引用する場合ですが，この場合も，この翻訳文を引用することは，著作権法32条１項に基づき行うことができます。

　この場合の出所明示としては，原作者名，翻訳者名，翻訳書名，翻訳出版社名，翻訳物の発行年を記載すれば足りると解されます。

　最後に，自らが原文を翻訳して引用する場合ですが，これは著作権法47条の６第１項２号によって認められることとなります。

　同条本文は，「次の各号に掲げる規定により著作物を利用することができる場合には，当該著作物について，当該規定の例により当該各号に定める方法による利用を行うことができる。」と規定され，その２号に引用に関する規定である32条が掲げられ，あわせて「翻訳」の方法が掲げられていますので，同条に基づき，原著作物の引用の一方法として，翻訳のうえでの引用が認められることとなるわけです。

　したがって，すでに出版されている翻訳物の表現とは関係なく，自らが原著作物から翻訳して引用を行うことができることとなります。

　なお，この場合は前述したとおり，「原著作物」の引用ということになりますので，その出所明示の際には，原文で著者名，書名，出版社名，発行年を記載すべきです（著作権法48条3項，同条1項・2項）。

［吉田　朋］

Q83　翻訳文の利用と許諾の主体

　ある外国のベストセラー作家の翻訳本の一部を私の小説の中に取り込みたいと考えています。誰に許可をもらえばいいでしょうか。

A 引用に該当しない場合には，原作の著作者（原著作者）と翻訳本の著作者（翻訳者）の両方から許可をもらうことが必要になります。

解　説

　翻訳本の一部を小説に取り込むという場合に，引用（著作権法32条）として，その要件を満たしたうえで当該文章を利用する場合には，もちろん誰からも許諾を得る必要はありません。

　したがって，許諾が必要な場合というのは，引用の要件を満たさないような利用方法ということになります。

　許諾が必要とされる場合に，翻訳本の著作者（翻訳者）の許諾だけで足りるのか，さらには原作の著作者（原著作者）の許諾までが必要となるのかが問題となりますが，この点に関しては，著作権法28条において「二次的著作物の原著作物の著作者は，当該二次的著作物の利用に関し，この款

に規定する権利で当該二次的著作物の著作者が有するものと同一の種類の権利を有する。」と規定されています。

すなわち，翻訳本（二次的著作物）の利用に関して，原著作者は，翻訳者（二次的著作物の著作者）が有する複製権（同法21条）・翻案権（同法27条）等と同一の種類の権利を有することとなります。

したがって，翻訳本を利用するという場合には，翻訳本の著作者（翻訳者）と，原作の著作者（原著作者）の両方から許諾を得る必要があるということになります。

なお，著作権法28条で，原著作者が有する権利は，二次的著作物の著作者が有するものと「同一の種類の権利」であって，「同一の権利」とはされておりません。この文言の差異は，原著作者と二次的著作物の著作者の権利内容は同じであるが，保護期間は異なるということを意味しています。

すなわち，本件に即して言うならば，原著作者について死後70年が経過しているという場合には，原著作者の著作権の存続期間を経過していることとなりますので（同法51条2項），翻訳者だけの許諾を得れば足りるということになるわけです。

［吉田　朋］

Q84　一部割愛による引用の方法

　前回の湾岸戦争と今回のイラク戦争を比較する論説を書いていますが，あるルポライターの記事を引用してイラク戦争の状況を説明したいと考えています。ただ，その記事の中にあまりに残虐な部分があり，その部分だけ省略し，前後をつなぎ合わせて利用したいのですが，どうでしょうか。

A 中間部分を省略していることを明示したうえで前後を合わせて引用することは認められますが，特に省略していることを示さずに前後をつなぎ合わせた場合，同一性保持権侵害に該当します。

解 説

　原著作物のうち，中間部分を除いてその前後を引用したいという場合に，前後2箇所の引用箇所について，原則どおりそれぞれ引用の要件を満たす方法で2回引用を行えば，全く問題はありません。

　この場合，それぞれの引用箇所は「　」でくくる等，2箇所の引用箇所について1箇所ごとに区別がされることになります。

　これに対し，ご質問のように，2回引用を行うのではなく，中間部分を省略して前後をつなぎ合わせたうえで引用するという場合，同一性保持権の問題が出てきます。

　原著作者は，著作物の内容について他人に無断で改変されない「同一性保持権」を有していますので（著作権法20条1項），これに反するような「改変」があるという場合には，同一性保持権侵害として，当該行為の差止め，慰謝料請求等ができることとなります。

　ここで，「改変」とは，原著作物の外形的表現形式に増減変更を加えることですので，ご質問のように原著作物の一部を省略し，前後をつなぎ合わせる場合，この行為が「改変」にあたることは明白であり，そのままでは同一性保持権侵害に該当することになります。

　しかしながら，2箇所の引用箇所が原著作物の中においてある程度近接しているような場合には，引用の際に「(略)」，「―略―」，「(中略)」，「―中略―」等という記載とともに，2箇所の引用箇所を1つに合わせて引用することは許されるでしょう。

　すなわち，このような方法で引用するのであれば，2箇所の引用を行っ

ていることが外観上明白であり，原著作物へ改変を加えていないと言える
からです。

　また，「─略─」等の記載の代わりに，「─」の記載のみを用いる場合も
見られますが，原著作物にそのような表記があると誤解されるような場合
もありますので，原著作物の一部を省略していることを明示した方が望ま
しいと言えるでしょう。

　なお，同じ原著作物内から２箇所以上引用する場合であっても，それぞ
れの引用箇所が原著作物内で近接していない場合や，中間部分を省略して
前後をつなげると原著作物の内容を歪曲して伝えるおそれがあるような場
合には，上記のような一部省略のうえでの引用ではなく，原則どおり，そ
れぞれの箇所について引用を行うべきです。

［吉田　　朋］

第4章
引用以外の許可を得ずに著作物を利用できる場合

環境省がウェブで公表しているデータを，小学生向けの図鑑で使おうと思うんですが，どうやって許可をとればいいんですかね？

ああ，それなら許可はいらないよ。

ええ!?　いらないんですか？

官公庁の公表資料や新聞に書かれた論説なんかは使っていいんだ。これを，転載という。ただし，出所の明示はきちんとしろよ。

ええ，わかってますよ！　知ってましたから！　これから明示しようと思ってたとこですよ。

エライ！　ずいぶん進歩したな。だったらついでに許可がいらないこともわかっていたらなあ。

えっと，それは…。

転載等による無断利用

Q85 引用以外の合法的な無断利用

引用以外にも，許諾を得ずに著作物を利用できる場合がありますか。

A 著作者の許諾がなくても利用をすることができる場合が法律上いくつか定められています。

解説

著作者の許諾がなくても著作物を利用できる場合は，著作権法32条1項の引用以外に以下の場合が著作権法上定められています。

第30条　私的使用のための複製

第30条の2　付随対象著作物の利用

第30条の3　検討の過程における利用

第30条の4　著作物に表現された思想又は感情の享受を目的としない利用

第31条　図書館等における複製

第32条　引用

第33条　教科用図書等への掲載

第33条の2　教科用図書代替教材への掲載等

第33条の3　教科用拡大図書等の作成のための複製等

第34条　学校教育番組の放送等

第35条　学校その他の教育機関における複製等

第36条　試験問題としての複製等

第37条　視覚障害者等のための複製等

第37条の2　聴覚障害者等のための複製等

第38条　営利を目的としない上演等

第39条　時事問題に関する論説の転載等

第40条　政治上の演説等の利用

第41条　時事の事件の報道のための利用

第42条　裁判手続等における複製

第42条の2　行政機関情報公開法等による開示のための利用

第42条の3　公文書管理法等による保存等のための利用

第43条　国立国会図書館法によるインターネット資料及びオンライン
　　　　資料の収集のための複製

第44条　放送事業者等による一時的固定

第45条　美術の著作物等の原作品の所有者による展示

第46条　公開の美術の著作物等の利用

第47条　美術の著作物等の展示に伴う複製等

第47条の2　美術の著作物等の譲渡等の申出に伴う複製等

第47条の3　プログラムの著作物の複製物の所有者による複製等

第47条の4　電子計算機における著作物の利用に付随する利用等

第47条の5　電子計算機による情報処理及びその結果の提供に付随す
　　　　　　る軽微利用等

第47条の6　翻訳，翻案等による利用

第47条の7　複製権の制限により作成された複製物の譲渡

［吉田　朋］

Q86 引用と転載

引用と転載とは何が違うのですか。

A 「転載」は「引用」と同様，著作物を著作権者の許諾なく利用することができる著作権の制限（著作権法2章3節5款）の1つに該当します。「引用」との違いは，①「転載」の対象となる著作物が限定されている点，及び②「転載」を禁止する意思表示ができる点です。

解 説

(1) 転載の対象となる著作物

「引用」の対象が広く「公表された著作物」であるのに対して，「転載」の対象は，以下の2つに限定されます。

① 国の機関，独立行政法人等が，一般に周知させることを目的として作成した広報資料等（著作権法32条2項）

② 新聞又は雑誌に掲載された政治上，経済上又は社会上の時事問題に関する論説（同法39条1項）

国等の公的機関が作成した広報資料等は，広く国民に伝達することを目的として，説明の材料として新聞紙，雑誌その他の「刊行物」に限定して転載することが認められています。一方，②の時事問題に関する論説は，目的の制限はなく，また「転載」の方法も，「刊行物」に限定されないので，放送等の方法も認められます。

⑵ 「転載禁止」の意思表示

　「転載」が認められる著作物は，その性質上，多くの人に知ってもらいたいという著作権者の意思が推測できるため，許諾なしでの利用が認められています。

　そのために，著作権者が「転載禁止」との表示をした場合にはそのような推測はできなくなりますので，許諾なしでの利用は認められないこととなります。

　転載禁止の表示方法としては，「転載禁止」「禁転載」「不許転載」などの表示が一般的です。また，争いはありますが，署名がある場合も転載禁止の意思表示と解するのが一般的ですので，署名がある場合にも，転載の許可を得るべきでしょう。

　もっとも，転載禁止の表示があり，転載が禁止される場合でも，「引用」の要件を満たせば著作権者の許諾なく利用することができます。

［佐賀博美］

Q87　転載が認められる著作物

　転載が認められているのはどのような著作物ですか。

A　①公的機関が作成した広報資料等と，②時事問題に関する論説の2つです。

解説

⑴　公的機関が作成した広報資料等

　法律上，「国若しくは地方公共団体の機関，独立行政法人又は地方独立行政法人が一般に周知させることを目的として作成し，その著作の名義の

もとに公表する広報資料，調査統計資料，報告書その他これらに類する著作物」と規定されています（著作権法32条2項）。

　これは，国民一般に周知させることを目的として作成された著作物であり，政府が発行している白書のたぐい，例えば内閣府が毎年発行している経済白書や，法務省が毎年発行している犯罪白書などが典型例です。

⑵　時事問題に関する論説

　法律上，「新聞紙又は雑誌に掲載して発行された政治上，経済上又は社会上の時事問題に関する論説（学術的な性質を有するものを除く。）」と規定されています（同法39条1項）。

　発行者の意見を世に表明するものがこれに該当し，新聞の社説などが典型例となりますが，「論説」を限定的に理解する考え方が一般的であり，「言論機関としての意見表明」としての論説に限られると解されます。この見解によりますと，例えば「コラム」はこれに含まれないことになります（加戸311頁，半田正夫・松田政行編『著作権法コンメンタール2［26条〜88条］〔第2版〕』2015年，勁草書房，366頁，368頁）。

　なお，対象となる著作物は「新聞紙又は雑誌に掲載して発行された」ものに限定されていますので，それ以外の媒体，例えばインターネット上のホームページや放送などにおける論説等は該当せず，転載は認められないので注意が必要です。

[佐賀博美]

Q88 「学術的な性質を有する」論説

「学術的な性質を有する」論説とは，何ですか。

A 例えば，政治学者や経済評論家が，新聞等に寄稿して，学問上の見地から日本の政治や金融財政政策を分析したり批評・論評を加えたりしているものを指します。

解 説

　このような学術的な論説でなければ，政治・外交・経済・金融財政・社会・教育・文化・芸術・スポーツ・芸能等，ほとんどすべての問題に関する論説・社説が転載の対象となります。

［芹澤　繁］

Q89 禁 転 載

転載を禁止する旨の表示とはどんなものですか。

A 「転載禁止」「禁転載」等の明らかな表示のほか，記者の署名入りの論説は，慣行上，「これらの利用を禁止する旨の表示がある場合」，すなわち「禁転載」の表示があるのと同様に扱われているようです（加戸282頁）。

［芹澤　繁］

Q90 インターネットへの「転載」

時事問題に関する論説をインターネットに転載できますか。

A かつてはできませんでしたが，平成18年の改正（平成19年7月1日施行）で可能となりました。

解説

ただし，テレビ放送をアンテナではなくインターネット経由で受信する場合（いわゆる「同時再送信」）に限られていますので，ウェブサイト上に掲載するということは未だ認められていません。

［芹澤　繁］

Q91 転載と出所明示

時事論説の転載については，その出所を明示することが必要ですか。

A 必要です（著作権法48条1項2号）。

解説

例えば，ある新聞の社説を転載する場合には「2004年11月11日付○×新聞社説」などと表示することが考えられます。

［芹澤　繁］

Q92 社説の転載・引用

雑誌に，新聞の社説を掲載して論評を加えるために，新聞社に許可を得る必要があるでしょうか。

A 新聞の社説が時事問題に関する論説にあたり，利用を禁止する旨の表示がなければ，著作権者の許可を得ないで雑誌に掲載することができます。また，「引用」として利用できる場合も考えられます。

解 説

　まず，論評対象となる新聞記事に著作物性があることを前提とすると，利用に際しては著作権者の許諾を得る必要があるのが原則です。

　しかし，新聞の社説のように，利用対象となる著作物が，新聞紙または雑誌に掲載して刊行されたもので，政治，経済または社会上の時事問題に関する論説であり，かつ利用を禁止する旨の表示がない場合には，著作権者の許諾を得ずに利用することが可能とされています（著作権法39条1項）。

　同条に基づく「論説」といえるためには，1つの主義主張や意見表明等を展開する内容を有していることが必要とされています。単なる時事問題の解説等は論説には該当せず，また，条文上「新聞紙又は雑誌」と明記されていることからも，一般の書籍やインターネット等に掲載された著作物については本条の適用はありません。

　さらに，学術的な性質を有するものも除外されています（同法39条1項）。

　仮に著作物が上記いずれかの要件を満たさず，または転載禁止の表示がある場合には，転載として利用することはできません。しかし，その場合

でも引用に該当する場合には著作権者の許諾なく著作物を利用することが可能です。

　引用としての利用が認められるためには，公表された著作物であること，および出所表示に加え，引用の目的上正当な範囲内であり，かつ公正な慣行に合致していることが必要となります。そして，引用の目的上正当な範囲内であり，かつ公正な慣行に合致しているかの判断に際しては，他人の著作物を利用する側の利用の目的のほか，その方法や態様，利用される著作物の種類や性質，当該著作物の著作権者に及ぼす影響の有無・程度などが総合考慮されることとなります。したがって本件でも，上記要件を満たし，当該社説の利用が利用の目的，態様，量等の観点から，論評の目的上必要な範囲の利用といえれば，引用として新聞社の許諾を得ずに利用することが可能です。

〔近藤美智子〕

Q93 新聞記事の利用①

　私は，世界中で起こった珍奇な事件あるいは，愉快な事件をまとめた本に新聞記事をそのまま利用したいのですが，新聞社の許可をもらう必要があるでしょうか。

A 許可が必要です。

解　説

　新聞記事に創作性があり，著作権の保護の対象となるものである場合には，原則として著作権者の許諾を得なければ利用できません。

　そこで，引用として著作権者の許諾を得ずに利用することができないかが問題となりますが，本件のような利用方法は，企画の性質上引用には該

当しないと考えられます。

　まず，本件の企画が，珍奇または愉快な事件に関する新聞記事を集めた１つの編集物のようなもので，引用する側の文章が全くない場合には，その利用態様，利用の目的等からして，引用の目的上正当な範囲内とも，公正な慣行に合致する，ともいうことはできず，引用として利用することはできません。

　他方，引用する側の文章等がある程度存在する場合には，引用の目的や利用態様によっては，引用となる可能性もなくはありません。例えば，引用する側の文章において世界中で起こった珍奇な事件や愉快な事件に関する研究，論評等を行い，その補足説明や例証，参考資料を提供する等の位置付けで当時の新聞記事を利用するのであれば，引用に該当する余地はあります。しかし，読者に珍奇，愉快な事件に関する記事自体を読ませて楽しませることに主眼があり，引用文章が，引用される記事に付随的に付け足されたに過ぎないような場合には，引用の目的上正当な範囲内での利用とはいえず，引用として利用することはできません。

　なお，本件企画との関係では，利用される新聞記事は過去の事件に関するものであるため，時事問題に関する論説には該当せず（著作権法39条１項。Q95参照），同条に基づく転載として許諾なく利用することもできません。

［近藤美智子］

Q94 署名記事

　新聞には署名記事がありますが，署名記事を利用する場合には必ずそれを書いた記者の許可を得なければならないという話を聞きましたが，本当ですか。

A 署名記事の署名は，著作権者を示すものではなく，必ずしも署名した記者が著作権者であるとは限りません。したがって，引用として利用するのでない限り，まずは新聞社に当該記事の著作権者が誰か，との点を確認することが必要です。

解　説

　署名記事とは，記事を書いた記者の氏名が記事の末尾などに表記されている記事のことをいいます。記者名を表示する趣旨は，その記事を書いた記者が誰であるかを明確にし，当該記事に対する責任の所在を明らかにすることによって記事の信頼性を高める点にあり，著作権者が誰かを示すものではありません。

　記事が著作物である場合，著作権法上は当該記事を書いた著作者に著作権が発生するのが原則です。しかし一般に，新聞社などの場合には，社内規定などにより，記者が新聞社の業務に関連して作成した記事の著作権はすべて新聞社に帰属する旨が定められています。

　また，仮に社内規定がなくても，職務著作に該当し（著作権法15条），新聞社に著作権が帰属している場合も考えられます。

　これに対して，仮にフリーのルポライターが記事を書いたような場合には，著作権はルポライターに帰属している可能性が考えられます。しかしこの場合でも，当該記事に関する新聞社との契約において，著作権を新聞社に譲渡し，または独占的な利用を許諾している可能性が考えられ，この場合には新聞社の許可を得る必要があることとなります。

　したがって，いずれの場合でも，引用としての利用に該当しない場合には，まずは新聞社に対して利用を希望する記事の著作権の帰属について確認をすべきこととなります。

　なお，記事が新聞または雑誌において刊行された時事問題に関する論説

であり，利用を禁止する旨の表示がない場合には，著作権者の許可なく利用できますが（同法39条1項），一般に，署名記事については，社会的慣行として利用を禁止する旨の表示があると取り扱うべきである，との考え方が有力ですので（加戸282頁），同条に基づき無許諾で利用することは困難と考えられます。

　他方，記事の利用が引用としての利用に該当する場合には，著作権者の許諾なく著作物を利用することが可能です。すでに検討してきたとおり，引用として利用するためには，公表された著作物であること，および出所明示に加え，引用の目的上正当な範囲内であり，かつ公正な慣行に合致していることが必要となります。そして，引用の目的上正当な範囲内であり，かつ公正な慣行に合致しているかの判断に際しては，<u>他人の著作物を利用する側の利用の目的のほか，その方法や態様，利用される著作物の種類や性質，当該著作物の著作権者に及ぼす影響の有無・程度などが総合考慮されることとなります。</u>

　したがって本件でも，上記要件を満たし，当該記事の利用が利用の目的，態様，量等の観点から，引用の目的上必要な範囲の利用と言えれば，引用として新聞社の許諾を得ずに利用することが可能となります。

〔近藤美智子〕

Q95　新聞記事の利用②

以下の記事が新聞の社会欄に掲載されている場合，これを当社の週刊誌の「今週の事件」という連載に載せるのに許可が必要でしょうか。
「○○県捜査第2課は，昨日公職選挙法違反（買収）の容疑で，○○県議××（70歳）を逮捕した。」

また，以下の記事の場合はどうですか。
「○○県捜査第2課は，昨日公職選挙法違反（買収）の容疑で，○○県議××（70歳）を逮捕した。捜査本部の話によると，××は，容疑を否認しているが，秘書である△△が，全面的に被疑事実を認めているとのことである。買収の場合の法定刑は……であるが，本件のようなケースでは執行猶予になる場合がほとんどである。」

A 1つ目の記事であれば筆者の許諾は不要だと思われますが，2つ目の記事については許諾が必要と考えられます。

解　説

　そもそも筆者の許諾が必要になるのは，利用しようとする文章が著作物である場合ですので，まずこの文章に著作物性が認められるのか否かが問題となります。

　ここで，ご質問で問題となっている文章を見てみると，1つ目の「○○県捜査第2課は，昨日公職選挙法違反（買収）の容疑で，○○県議××（70歳）を逮捕した。」という記事は，いつ，誰が，どこで，何をしたかという骨格からだけなる事実の伝達であり，公職選挙法違反の記事を書く場合に必ず書かれるはずの最低限の事実が，ありふれた表現で書かれている

に過ぎません。そこに著作物の要件である「創作性」は認められないと言えますので，著作物性はないと考えられます（著作権法10条2項）。

　したがって，当該記事を筆者の許諾なく他の雑誌に載せたとしても，著作権侵害が生じることはないということになります。

　一方で，2つ目の記事は，「○○県捜査第2課は，昨日公職選挙法違反（買収）の容疑で，○○県議××（70歳）を逮捕した。捜査本部の話によると，××は，容疑を否認しているが，秘書である△△が，全面的に被疑事実を認めているとのことである。買収の場合の法定刑は……であるが，本件のようなケースでは執行猶予になる場合がほとんどである。」となっており，記事の後半部分においては単なる事実の伝達とは異なり，筆者により盛り込む事項の選択がなされています。このような記事には「創作性」が認められるものと言え，当該記事は著作物であるということになります。

　したがって，当該記事を利用するためには筆者の許諾が必要ということになるわけです。

　なお，この場合において，著作権法で定められた著作者の許諾がなくとも利用できる場合，なかでも引用（同法32条）や，時事問題に関する論説の転載等（同法39条）に該当しないのかが問題となりますが，結論から言いますと，いずれの場合にも該当しないものと考えられます。

　まず，引用（同法32条）に該当するかです。本件では当該記事のみを雑誌に転載するだけで，その記事についての解説等をするわけではないようですので，他の引用の要件をすべて満たしていたとしても，いわゆる「主従関係」の要件の点で，引用にはあてはまらないこととなるでしょう。

　次に，時事問題に関する論説の転載等（同法39条）に該当するかです。この条文によって転載が認められている文章は「論説」です。ここで言う「論説」とは，典型的には新聞の社説のように，時事問題について報道機

関の主義主張が含まれているものでなければならず，単なる時事問題の解説についてはこれに該当しないものとされています。

　本件の2つ目の記事は，いわゆる事実の報道部分に筆者の若干の解説を加えたものだと言え，「論説」とはみることはできませんので，時事問題に関する論説として転載することもできないと考えられます。

［吉田　朋］

Q96 歌詞の引用

　1970年代の社会情勢に関する記事を書こうと思っています。当時の状況を分かりやすく説明するために，当時の世相を象徴する流行歌の歌詞の有名な一節を利用しようと考えていますが，これは引用として許されるのでしょうか。

A 歌詞が括弧書等で記事と明瞭に区別することができ，かつ，歌詞が一部分であるために記事との関係で量的にも質的にも従たるものであれば，引用としての利用が許されます。

解　説

　従来，適法な引用となるためには，①明瞭区別性の要件と②主従関係の要件が必要であるとされていました。そして，この②の要件は，引用の目的は何か，引用する側の著作物（引用著作物）とされる側の著作物（被引用著作物）の性質・内容は何か，被引用著作物の採録のされ方等の様々な事実関係に基づき，引用著作物が全体の中で主体性を保持することができ，被引用著作物が引用著作物の内容を補足したり，参考資料を提供したりする等の付従的なものに過ぎないかどうかで判断していたものが多かったよ

うに思います（最判昭和55年3月28日民集34巻3号244頁「パロディー事件」，東京高判昭和60年10月17日判時1176号33頁「藤田嗣治事件」）。

　そうすると，今回のように，歌詞を記事の中に引用するときには，括弧書を利用するなどして，歌詞と記事とを区別させれば，先ほど述べた①の要件は備わります。また，有名な一節といった分量だけでは独立した歌詞としての鑑賞対象にならず，当時の時代背景を説明するための参考資料として参照されるのが普通でしょうから，②の要件が備わると考えられます。ただし，歌詞の大部分を利用すれば，歌詞として鑑賞できるものとなりますから，記事の補足や参考資料程度のものではなくなりますので，注意が必要です。その他，裁判例の中には，必ずしも他人の著作物を引用する必要がないということを理由の1つとして適法な引用と認めなかったものもあります（東京地判平成16年5月31日「XO醤男と杏仁女事件」）。ただ，引用の必然性・必要性については，必ずしもそれ自体を独立の要件とすべきではないと思われます。本件でも，当時の社会情勢の理解に資するという点で，引用をすることは許されると考えられます。

　なお，最近の裁判例では，先ほどの①と②の要件に言及することなく，「公正な慣行」や「正当な範囲」といった著作権法32条で使用されている言葉に忠実に適用を考えるものが増えています（例えば，知財高判平成22年10月13日判時2092号135頁「美術品鑑定証書事件」）。ただ，こうした考え方であっても，前記と概ね同様の考慮要素で適法な引用か否かを判断していると考えられますから，今回の結論は変わらないと考えられます（ただし，同判決が「著作権者に及ぼす影響の有無・程度」も考慮すべきとしていますから，事例によっては従前の見解による場合と異なる結論が生じる場合はありえます）。

〔福市航介〕

Q97 新聞や雑誌のコラムの利用

　雑誌や新聞などに掲載されているコラムは，コラムニストによって，書き出し，対象とする内容，また文体などが全く異なりますが，私は，コラムニストによるそのような差異に着目してそれを比較，論評する文章を書きたいと考えています。著名なコラムニストのコラムを文章中に複製して利用することになりますが，コラムはどれもそんなに長いものではないので，全文掲載するにつき作者の許可をもらわなくとも引用が許されると考えていますが，どうでしょう。

A 一概には言えませんが，比較，論評という目的との関係で，コラムの全文を利用する必要性が認められなければ引用とは言えず，著作権者の許可を得る必要があります。

解　説

　引用として許諾を得ずに利用するためには，公表された著作物であること，出所表示が行われることに加え，引用の目的上正当な範囲内であり，かつ公正な慣行に合致していることが必要となります。そして，引用の目的上正当な範囲内であり，かつ公正な慣行に合致しているかの判断に際しては，他人の著作物を利用する側の利用の目的のほか，その方法や態様，利用される著作物の種類や性質，当該著作物の著作権者に及ぼす影響の有無・程度などが総合考慮されることとなります。

　仮に本件において，比較，論評する側の文章の目的や内容との関係で，当該コラムの全文を利用することが本当に必要であるといえるのであれば，引用の目的上正当な範囲内，かつ公正な慣行に合致するものと言え，引用として利用することが可能となります。これに対して，単に面白いコラム

を読者に紹介し，それ自体を鑑賞の対象とすることに目的があり，引用する側の文章が付随的に添えられているに過ぎないような場合には，比較，論評という目的の範囲内での利用とは言えず，著作権者の許諾を得る必要があります。

　したがって，著作物の利用にあたっては，まず比較，論評する文章の性質や利用の目的，利用態様との関係で，当該引用部分が本当に必要かどうか，との点を十分に検討することが重要です。

　なお，コラムが時事問題に関するものである場合には，禁転載の表示がない限り，時事問題に関する論説の転載（著作権法39条）として利用できますので，仮に当該コラムが，時事問題に関する論評，提案という性質を有するものであり，かつ禁転載の表示がないのであれば，同条に基づき利用することが可能です。もっとも学術的な性質を有するものは「時事問題に関する論説」から除外されていますので（同法39条1項），当該コラムが学問的な見地から時事問題に対する分析，評価を行ったようなものである場合には，同条に基づく利用もできません。

［近藤美智子］

政治等と無断利用

Q98　首相の所信表明演説

　昭和の歴代首相の所信表明演説を1冊にまとめて昭和政治史を把握する本の企画がありますが，誰の許諾を得ればいいのでしょうか。

A 許諾を得る必要はありません。

解　説

(1)　公開して行われた政治上の演説の利用には許諾は必要ありません

　「公開して行われた政治上の演説」については，著作権者の許諾を得ることなく利用することが認められています（著作権法40条1項）。首相の所信表明演説は，特別国会や臨時国会の冒頭で，首相が当面の問題を中心に国政全般について内閣の方針を述べる演説であり，「公開して行われた政治上の演説」に該当しますので，その利用に際して，著作権者の許諾を得る必要はありません。

　この規定の趣旨は，「公開して行われた政治上の演説」が，演説者の通常の意思として，広く伝達されることを望む，または覚悟すべきであるとともに，参政権との関係ではこれらの演説等が国民の政治的な議論・投票等の際の重要な判断材料となること等が挙げられます。

　なお，本条の適用対象は，「公開」して行われた演説等に限られ，秘密会での演説等には適用されません。もっとも，「公開して行われた演説」に該当しない場合にも，著作権法上の「公表」に該当し，引用の要件を満たす場合には，その利用に許諾は必要ありません。

(2)　著作物の保護期間

　著作物の保護期間は，「著作者の死後70年間」と規定されています（同法51条 2 項）。

　したがって，死亡後70年経過している首相の所信表明演説については，許諾を得る必要はありません。

　なお，平成28年の著作権法の改正により，保護期間が著作者の死後50年から70年に伸長されました。

［佐賀博美］

Q99　裁判所提出の書面，書証

　当社では，近年話題になった裁判についての裁判記録を公刊しようと思っています。その裁判で使用された準備書面を入手したので掲載したいのですが，敗訴者側の準備書面は，許諾を得られないかもしれません。準備書面を作成した人の許諾がなければ掲載できないのでしょうか。

A 原則として許諾を得る必要はありません。

解説

(1)　公開の法廷で陳述された準備書面について許諾は必要ありません

　「裁判手続における公開の陳述」については，著作権者の許諾を得ることなく利用することが認められています（著作権法40条 1 項）。

　準備書面は，民事訴訟において，当事者または代理人が主張内容を記載して作成し，裁判所と相手方に直送する書面であり（民事訴訟法161条 1 項，民事訴訟規則79条 2 項〜81条，同83条），公開の法廷で「準備書面に記載のとおり」と陳述することで，準備書面に記載の内容が陳述されたも

のとして取り扱われます。

　そのため，民事訴訟で使用された準備書面は「裁判手続における公開の陳述」に該当しますので，その掲載に際して著作権者の許諾を得る必要はありません。

　本規定の趣旨は，裁判の公開の原則を実質的に担保するもので，公開法廷で行われる審理を傍聴できなかった場合でも，裁判の基礎資料へのアクセスを容易にして，裁判の当否の判断を容易にする点にあります。

　そこで，傍聴人が限定される弁論準備手続（民事訴訟法169条2項）における陳述が問題となりますが，弁論準備手続中のやり取りは，最終的には公開の法廷で結果の陳述を行う（民事訴訟法173条）ため，弁論準備手続中に提出された準備書面であっても「裁判手続における公開の陳述」に該当します。

(2)　準備書面について許諾が必要となる場合

　準備書面は，公開の法廷で陳述される場合に「公開の陳述」に該当することとなります。

　そのため，裁判手続を非公開とする旨の決定がなされた場合（憲法82条2項，人事訴訟法22条1項，特許法105条の7第1項等），家事審判手続や調停手続など非公開が前提となっている裁判手続で使用された準備書面については「公開の陳述」に該当せず，掲載には著作権者の許諾が必要となります。

　また，通常の民事訴訟でも，弁論準備手続中に提出された準備書面であって，その後，和解の成立等により，公開の法廷での結果の陳述を行うことなく訴訟手続が終了した場合にも「公開の陳述」には該当せず，掲載には著作権者の許諾が必要となります。

［佐賀博美］

教育等と無断利用

Q100　検定教科書への著作物の利用

当社で検定教科書を作成することになりました。「吉本ばなな」さんの作品を掲載したいのですが，ご本人の許諾をとる必要があるでしょうか。

A 許諾をとる必要はありません。

解　説

ただし，吉本ばななさんに対し，その作品を教科書に掲載することを通知することと，吉本ばななさん（その作品について著作権を譲渡していれば，その譲受人である著作権者）に対し，決められた額の補償金を支払うことが必要です。

(1)　教科用図書等への掲載

①　公表された著作物は，学校教育の目的上必要と認められる限度において，教科用図書に掲載することができます（著作権法33条1項）。

　　これは，教育という目的に最も適した著作物を利用できるようにするためです。

②　「公表された著作物」は，言語の著作物，音楽，美術，写真など種類は問いません。

③　ここでいう「学校教育の目的」とは，小学校，中学校，高等学校，または中等教育学校その他これらに準ずる学校における教育を言います。その目的上必要と認められる限度か否かは，学習指導要領などを基準に

判断されます。

④　「教科用図書」とは，上記の学校の教育の用に供される児童用または生徒用の図書であって，文部科学大臣の検定を経たもの（検定教科書）または文部省が著作の名義を有するもの（文部科学省教科書）を言います。大学の授業・講義で使う教科書・テキストなどはこれにあたりません。

　　また，高等学校（中等教育学校の後期過程を含む）の通信教育用学校図書および上記教科用図書に係る教師用指導書（当該教科用図書を発行する者の発行に係るものに限る）は，教科用図書に準じて，**掲載**が認められます（同法33条4項）。

⑤　「掲載」は，通常，著作物の一部または全部を複製して利用することが考えられますが，翻訳，編曲，変形，翻案して掲載することもできます（同法47条の6第1項1号）。

　　また，用字・用語の変更，その他学校教育の目的上やむを得ない改変を加えることも，同一性保持権侵害の例外として許されます（同法20条2項1号）。

⑥　掲載にあたっては，必ず出所を明示しなければなりません（同法48条1項1号）。

(2)　通知義務

　著作物を教科用図書に掲載する者は，その旨を著作者に通知しなければなりません（同法33条2項前段）。通知の相手は著作権者ではありませんのでご注意ください。

　上記のとおり同一性保持権の制約まで認めているので，著作者に著作者人格権行使の機会を与えたものと解されています。その趣旨からすると，事前に通知したほうが望ましいでしょう。

⑶　**補償金支払義務**

　著作物を教科用図書に掲載する者は，上記著作者に対する通知とともに，文化庁長官が毎年定める額の補償金を著作権者に支払わなければなりません（同法33条2項後段）。

　補償金の額は，教育目的のためという同条の趣旨から，おおむね通常の使用料よりは安く定められます。補償金額の定め方，それに対する異議の申出などの手続は著作権法71条から74条に規定があります。具体的な補償金額については，文化庁のウェブサイトなどから確認することができます。

[亀井弘泰]

Q101　副教材への著作物の利用

　当社は副教材として使われるドリルやワークブックを作成している会社です。国語の教科書に掲載されている文章を問題文としてそのまま使いたいのですが，文章の著作者に許諾を得る必要がありますか。また教科書会社に許諾を得る必要はあるでしょうか。同様の件で裁判が行われたそうですが，どのような裁判だったか教えてください。

A 著作者の許諾を得る必要があります。しかし，教科書会社に許諾を得る必要はありません。

解　説

⑴　**著作者との関係**

①　教科用図書（著作権法33条）にあたるか

　Q100のとおり，学校教育目的の教科用図書への掲載は，著作者の許諾なくできます。

　しかし，本問のような授業の中で副教材として使われるドリルやワークブックは「教科用図書」にも，著作権法33条4項で準用される通信教育用図書および教師用指導書にもあたらないと一般に解されており，裁判例上もあたらないとされています。学校教育目的というよりも，一般に流通させることを予定し営利の目的が強いからと考えられます。

② 引用（著作権法32条）にあたるか

　教科用図書でなくても，その著作物の利用が引用と認められれば，著作者の許諾なく掲載できます。

　しかし，裁判例では，本件のような副教材に著作物を複製して掲載することは引用にはあたらないとされています。引用の要件のうち，副教材が主，著作物が従という関係にないと判断されています。

③ 試験問題としての複製（著作権法36条）にあたるか

　試験問題としての複製の場合も著作者に無許諾での複製ができます（**Q**102参照）。

　しかし，裁判例では，本件のような副教材で著作物を利用することは試験問題としての複製にはあたらないとされています。試験問題のように，秘密にする必要があり，事前の許諾をとることができないという事情はないと判断されています。

⑵　教科書会社との関係

　教科書会社は，教科書中の個々の著作物に関しては，著作者の許諾なく掲載を許されているに過ぎません（**Q**100参照）から，個々の著作物について何らかの権利を有しているわけではありません。したがって，副教材としての使用に許諾をする権限もありません。

　なお，教科書全体は編集著作物（同法12条）と考えられますので，副教材で教科書全体をそっくり使用するような場合には，編集著作権者として

許諾する権限を持ちます。

(3)　裁 判 例

　国語教科書の副教材に教科書掲載の著作物を使用することについては，著作者が著作権侵害を理由に副教材出版会社を訴えるいくつかの裁判がありました（知財高判平成18年12月6日，東京地判平成18年3月31日，東京高判平成16年6月29日，東京地判平成15年3月28日）。裁判所は，いずれも，前記のとおり引用や試験問題としての複製の成立を否定し，著作者に対する著作権侵害として副教材の販売差止めと損害賠償を認めています。

[亀井弘泰]

Q102　入試問題と著作物

　当社は，東京都の公立高校の入試問題を作成している会社です。国語の問題文に，五木寛之さんの『大河の一滴』の一部分を利用したいのですが，許諾は必要でしょうか。

A　五木寛之さんの許諾は必要ありません。

解　説

　ただし，五木寛之さん（その作品について著作権を譲渡していれば，その譲受人である著作権者）に対し，通常の使用料に相当する額の補償金を支払うことが必要です。

(1)　試験問題としての複製等

①　公表された著作物は，入学試験その他，人の学識技能に関する試験ま

たは検定の目的上必要と認められる限度において，試験または検定の問題として複製または公衆送信（以下「複製等」といいます）することができます（著作権法36条1項）。

　これは，試験問題という性質上，事前にどの著作物が使用されるか明らかにできないので，著作者に対し事前に許諾を得ることが実際上困難であることから認められています。

　また，試験問題としての複製等であれば，著作物としての通常の利用と競合するわけでもないので，原則として無償での複製が認められています。

② 「公表された著作物」は，言語の著作物，音楽，美術，写真など種類は問いません。

③ 「人の学識技能に関する試験または検定」とは，各種学校の入学試験，会社の入社試験，各種資格試験，模擬テストなどの学力評価試験など様々なものが考えられます。

④ 試験を実施する「目的上必要と認められる限度」での複製等が認められます。必要と認められる範囲は，試験問題の趣旨から社会通念に従って判断されますが，試験問題を集めて問題集を作成するような場合はこれにあたりません。

　通常，著作物の一部または全部を複製して，それについての問題が設定されるという形で利用することが考えられますが，著作物を翻訳して利用することはできます（同法47条の6第1項3号）。

⑤ 試験に必要な範囲で一部を改変することができるかが問題となることがありますが，教科用図書のように明文上認める規定はありません。ただし，旧仮名遣いを現在の仮名遣いに直したり，著作物の一部を空欄にして穴埋めさせたりするような場合には，「著作物の性質並びにその利用の目的及び態様に照らしやむを得ないと認められる改変」（同法20条2項4号）として許されると解されます。

⑥　出所明示については，出所明示の慣行があるときにはしなければなら
　ないとされています（同法48条1項3号）。
　　したがって，原則的にはするべきですが，例えば，この作品の作者は誰か，
　作品名を答えよ，といった試験問題では出所明示をする必要はありません。

⑵　営利目的の場合

　試験問題としての複製であっても，営利の目的で行う場合には，通常の
使用料の額に相当する額の補償金を著作権者に支払わなければなりません
（著作権法36条2項）。複製によって利益を得る以上，前記のように原則と
して無償にする趣旨があたらないからです。典型的には，塾や予備校など
が受験料を取って行う模擬試験などがこれにあたります。
　本問の事案のように，公立学校の試験問題であって，試験そのものは営
利目的で行われるものではなくても，複製を行う者すなわち作成を委託さ
れた業者は，その作成により利益を得る会社ですから営利の目的で複製す
るわけです。したがって，複製して試験問題に利用する著作物の著作権者
に補償金を支払わなければなりません。

[亀井弘泰]

Q103　出題済み入試問題集

　今度，当社で全国の私立中学校の試験問題ばかり集めた問題集を作
成したいのですが，問題文に使用されている著作物の著作権者の許諾
は必要ですか。また，試験問題を作成した会社の許諾は必要ですか。

A 著作権者の許諾は必要です。
試験問題の作成会社の許諾は基本的には必要ですが，必要でない
場合もあります。

解　説

(1)　著作者との関係

　試験問題としての複製の場合，その試験の目的上必要と認められる限度
において著作物の複製が認められています（著作権法36条1項。**Q102**参
照）。

　しかし，これはあくまでも試験問題の性質上，事前に著作権者の許諾を
得ることが困難であることから認められるものであり，試験問題そのもの
として利用される場合の複製に限られます。

　本問の事例のように，試験問題を集めて問題集を作成することは，新た
な著作物としての利用になりますし，そもそも，すでに過去の試験で使わ
れた著作物について著作権者の許諾を事前に得ることが困難という事情も
ありませんから，この規定により無許諾の使用が許されるものではありま
せん。

　したがって，著作権者の許諾が必要となります。

(2)　試験問題作成会社との関係

　試験問題は，複製して利用した著作物の部分と，それに対する設問の部
分とに分けて考えることができます（著作物中に傍線を引いたり，空欄を
作ったりしてある場合は，その部分は設問部分にあたります）。

　このうち，著作物の部分についてだけ複製するのであれば，許諾する権
限は著作権者だけにあるので，試験問題作成会社に許諾を得る必要はあり
ません。

　しかし，設問部分を含めて試験問題全体を複製する場合，設問部分を作成した著作権者の許諾が必要です。

　したがって，設問部分の著作権者である試験問題作成会社の許諾も必要ということになります。

　もっとも，そもそも設問部分が著作物ではない場合，すなわち設問部分自体は思想・感情を創作的に表現したものと言えない場合には，許諾を得る必要はありません。

　例えば，ある詩や短歌（これらが著作物であることは問題ありません）を掲げて，「この作品の作者は誰か」という設問があるだけであれば，その作品の作者を問いたい，という思想・感情を表す表現としては特に創作的な表現とは言えません（誰が作っても同じような表現の設問にならざるを得ません）から，設問部分に著作物性は認められないでしょう。

　これに対して，同じく作品を掲げてその作者を問う設問であっても，「次の中から選べ。1 ……　2 ……　3 ……」などといった設問の場合は，その選択肢の内容，並べる順序などに設問を作成した人の創作性が出ます（設問を作る人によってどのような選択肢にするかは当然変わってきます）から，著作物性が認められるでしょう。

　このように，設問部分が著作物であるか否かによって，その部分を作成した試験問題作成会社の許諾を得る必要があるか否かも変わります。

　とはいえ，著作物にあたるか否かの判断は，容易ではない場合も多いので，迷った場合には弁護士など専門家に相談するといいでしょう。

　これに対し，解説部分は，通常は著作物ですから，解説も複製して使用する場合は，解説文の著作権者の許諾が必要となります。

［亀井弘泰］

美術等と無断利用

Q104　公開の美術の著作物の自由利用

当社は，折々の四季の詩集を出版している会社です。書籍の表紙に，ある公園に置かれていた彫刻を撮影してその写真を利用したところ，彫刻の著作権者から著作権侵害であるとのクレームが来ました。屋外に置いてある著作物は自由に利用できると思っていたのですが，著作権者の許諾が必要なのでしょうか。

A 許諾を得る必要はありません。

解　説

(1)　写真撮影は複製行為

彫刻を写真に撮る行為は複製に該当し（著作権法2条1項15号），彫刻について著作権を有する権利者の許諾がなければ複製権侵害行為となります。

(2)　著作権法46条（公開の美術の著作物等の利用）

もっとも，美術の著作物で屋外に恒常的に設置されているものまたは建築の著作物については，著作権者の許諾なしで自由に利用することが認められている（同法46条）ため，本件においても同条による救済がされないかが問題となります。

（公開の美術の著作物等の利用）

第46条　美術の著作物でその原作品が前条第2項に規定する屋外の場所に恒常的に設置されているもの又は建築の著作物は，次に掲げる場合を除き，いずれの方法によるかを問わず，利用することができる。

一　彫刻を増製し，又はその増製物の譲渡により公衆に提供する場合

二　建築の著作物を建築により複製し，又はその複製物の譲渡により公衆に提供する場合

三　前条第2項に規定する屋外の場所に恒常的に設置するために複製する場合

四　専ら美術の著作物の複製物の販売を目的として複製し，又はその複製物を販売する場合

著作権法46条の制定趣旨としては主に次のようなことが考えられます。

①　街中で自由に写真も撮れなくなるなど一般人の行動の自由が過度に抑制されることは好ましくない。

②　美術の著作物が屋外に恒常的に設置されているような場合は一般人による自由利用を許すのが社会的慣行に合致している。

③　そのような場合の多くは自由利用が著作者の意思に合致すると考えて差し支えない。

このような趣旨からすると，同条の「屋外の場所」とは，不特定多数の人が見ようとすれば自由に見ることができる広く開放された街路・公園のような場所と解釈され，また「恒常的に設置する」とは，社会通念上，ある程度の長期にわたり継続して，不特定多数の者の観覧に供する状態に置くことを指すと解されます。

本件の「公園に置かれていた彫刻」の写真撮影は著作権法46条により自

由にできるものと考えてよさそうです。

(3) 著作権法46条柱書 4 号

もっとも，著作権法46条には，適用が除外される 4 つの場合が 1 号から 4 号に列挙されていることに注意する必要があります。本件においても 4 号が問題となり得ますので，検討する必要があります。

詩集の表紙に掲載する目的で彫刻の写真を撮影する行為が同号の「専ら美術の著作物の販売を目的として複製」することにあたるのでしょうか。

ここで，書籍の表紙に美術の著作物の写真が掲載された参考判例があるので紹介しておきましょう。東京地判平成13年 7 月25日「まちをはしるはたらくじどうしゃ事件」です。

路線バスの車体に描かれた絵画が著作権法46条の美術の著作物に該当するかが最大の争点として争われたちょっと変わった事件ですが，判決は著作権法46条 4 号の考え方について「著作物を利用した書籍等の体裁及び内容，著作物の利用態様，利用目的などを客観的に考慮して，「専ら」美術の著作物の複製物の販売を目的として複製し，またはその複製物を販売する例外的な場合に当たるといえるか否か検討すべき」としたうえで，次のように判断を下しました。

「以上認定した事実によれば，確かに，被告書籍には，原告作品を車体に描いた本件バスの写真が，表紙の中央に大きく，また，本文14頁の左上に小さく，いずれも，原告作品の特徴が感得されるような態様で掲載されているが，他方，被告書籍は，幼児向けに，写真を用いて，町を走る各種自動車を解説する目的で作られた書籍であり，合計24種類の自動車について，その外観及び役割などが説明されていること，各種自動車の写真を幼児が見ることを通じて，観察力を養い，勉強の基礎になる好奇心を高めるとの幼児教育的観点から監修されていると解されること，表紙及び本文

14頁の掲載方法は，右の目的に照らして，格別不自然な態様とはいえないので，本件書籍を見る者は，本文で紹介されている各種自動車の一例として，本件バスが掲載されているとの印象を受けると考えられること等の事情を総合すると，原告作品が描かれた本件バスの写真を被告書籍に掲載し，これを販売することは，「専ら」美術の著作物の複製物の販売を目的として複製し，又はその複製物を販売する行為には，該当しないというべきである。」

　本問で問題になっている書籍は四季の詩集であり，その内容は彫刻の写真ではなくあくまで詩が中心であると判断されます。書籍の顔とも言うべき表紙に写真が掲載されている点は問題ですが，彫刻の写真もメインの詩に彩りを添える四季の風景の１つとして使われたに過ぎず，彫刻の写真の鑑賞のみを目的として読者が詩集を買うことが期待されるというような特別の事情も窺えません。

　結論として著作権法46条４号の適用は難しく，本件における著作者のクレームは理由がないものと判断されます。

［雪丸真吾］

Q105　展覧会主催時の著作権問題

　わが社は今度，大規模な予算を組んである大富豪が所有する有名画家の絵のコレクションの展覧会を主催することになりました。

　ポスターや車内広告やＴＶスポットにおいてこの作品を使用できることについては，著作権者との間で契約をしました。ですが，わが社発行の週刊誌で毎号のように特集記事を組んで宣伝に努め，会場では全作品のカラー複製画付きの解説書を販売することについては許可の中に入っていません。

　何か著作権の問題は生じますか？　また，入場券のデザインの中に絵を使うことはどうでしょうか。

A　この質問には多くの問題が含まれておりますので，問題ごとに分けて考えていきましょう。

解　説

(1)　美術品の展示の許諾者

　まず単に展覧会において作品を展示するだけであれば，著作権者の許諾は要りません。

　確かに，著作権の1つに展示権（著作権法25条）があり，著作権者はこれを専有するのですが，一方で，原作品の所有者の同意を得れば，原作品の展示が許されることになっています（同法45条1項）。原作品所有者の所有権を尊重する規定と言えます。

　本問においては，絵のコレクションを所有する大富豪の同意を得ることにより展示が可能となります。

⑵　**特集記事の著作権処理**

①　著作権者の許諾が必要

　しかしながら，逆に言えば所有者が許諾できるのは展示のみですから，その他の複製行為等については，原則として著作権者に許諾を取らねばなりません。絵画の著作物性については異論のないところでしょう。

　展覧会主催者によくある誤解は，所有者の許諾を得た段階ですべての許諾関係が終了したと思い込んでいる点です。その点で，貴社は正しい準備をしてこられました。

　雑誌の特集記事として，展示予定の絵は是非とも掲載して宣伝したいところですが，ポスターのような専ら宣伝目的のものではなく，雑誌の販売促進という側面もあり，契約で許諾されている範囲に入るかは疑問があります。掲載は通常の複製となります。しかし，一定の場合には，許諾なく複製が許される場合があります。

②　時事の事件の報道のための利用（著作権法41条）

　時事の事件を報道する場合，報道される事件を構成する著作物，またはその事件の過程において見聞きされる著作物は，報道の目的上正当な範囲内において，複製し，報道に伴って無許諾・無償で利用することができます。雑誌の特集記事は本条に該当しないか検討してみましょう。

　要件は以下のとおりです（斉藤博『著作権法〔第3版〕』（2007年，有斐閣，261頁）。

　㋐　利用目的が時事の事件の報道であること

　客観的に判断して時事の事件と認められるような報道でなければならず，著作物の利用が眼目であって，意図的に時事の事件と称して利用することは許されません（加戸286頁）。

　本問の基となった「バーンズ・コレクション事件」（東京地判平成10年

2月20日）では，この要件を満たさないとして5箇所中4箇所につき本条の適用を否定しています。参考までに否定例・肯定例を以下に掲げます。

否定例

本件絵画三の平成5年11月3日付け紙面への掲載について

㈠　成立に争いのない甲第九号証によれば，同日付け同新聞朝刊30面の中段中央に，3段32行分（約100mm×約153mm）の大きさで，周囲をけいで囲み同面の他の記事と明瞭に区別し，右から約3分の1の部分に，「世界初公開　巨匠たちの殿堂　バーンズ・コレクション展　ルノワール，セザンヌ，スーラ，マティス，ピカソ」との表題を，上部けいの中央に横書で「幻のコレクション展，きょうから前売り開始」との文言を，下部けいの中央に横書で，「主催　国立西洋美術館　読賣新聞社」と主催者名を記し，前記表題の右側に，「読売新聞創刊120周年を記念して，来年1月から東京・上野の国立西洋美術館で開催する『バーンズ・コレクション展』の前売り券をきょう3日から発売します。印象派，後期印象派の個人収集では世界最高といわれ，ルノワールらの代表作多数を所有しています。本展は東京のみで開催し，厳選した80点を公開します。」との，主催者からの告知風の文体の文章が掲載され，囲み全体の中央に，本件絵画三が約61mm×約30mmの大きさでカラー印刷で複製されており，その余の部分に，本件展覧会の会場，会期，後援者，特別協賛者，協賛者，協力者，入場料，前売り券扱い所，観覧クーポン券扱い所等の事項が記載されていることが認められる。」「右記事の内容は，本件展覧会の主催者が前売り券を今日から発売することを告知するもので，当日の出来事の予告ではあるが客観的な報道ではなく，むしろ，好意的に見て主催者からの告知又は挨拶文，とりようによっては被告が主催する本件展覧会の入場券前売り開始の宣伝記事と認められるから，いずれにし

ても，著作権法41条の「時事の事件を報道する場合」に当たるということはできないし，本件絵画三の複製が，当該事件を構成し，当該事件の過程において見られ若しくは聞かれる著作物に当たるとも認めることはできない。

肯定例

本件絵画三の平成４年12月２日付け紙面への掲載について

㈠　成立に争いのない甲第八号証によれば，次の事実が認められる。

同日付け同新聞朝刊の一面左上部に「幻のバーンズ・コレクション日本へ」との５段の大見出し，及び「セザンヌなど名画80点公開」，「94年１月，国立西洋美術館」との小見出しの下に，発信地と執筆記者名が冒頭に付された４段にわたる本記と本件絵画三を含む３点の絵画のカラー印刷の図版からなる記事が掲載された。

右記事の内容は，「セザンヌやマチスなどの第一級の絵画を所蔵するアメリカのバーンズ財団は，画集でも見られない"幻のコレクション"で知られるが，その中からよりすぐった作品を公開する「バーンズ・コレクション展」が94年１月から東京の国立西洋美術館で実現することとなった。主催する読売新聞社と同美術館が，１日までに財団と基本的な合意に達した。財団は現地で３日，日本を含む初の世界巡回展の構想を発表する予定で，国際的に美術ファンの話題を集めるのは必至だ。」との書き出しで，バーンズ財団の紹介，コレクションは極めて質が高いが，公開も週末に人数を限ってで，バーンズの遺言に従って，売却はもちろん，他館への貸出しや画集への掲載も禁じられたことから，名画の実像は明らかにされなかった旨，コレクションが初公開されることになったのは，ギャラリーの老朽化に伴う改修のためであり，来年のワシントン・ナショナル・ギャラリーとフランスのオルセー美術館に続いて，再

来年の1月から4月にかけて東京展を開催する旨，バーンズ・コレクションは，180点のルノワール，69点のセザンヌなど，総数は2,500点を超える旨の説明が続き，「このうち今回出品されるのは「カード遊びをする人たち」など20点を数えるセザンヌを筆頭に，ルノワールが「音楽学校生の門出」など16点，マチスが「生きる喜び」など14点のほか，スーラ「ポーズする女たち」，ゴッホ「郵便配達夫ルーラン」，ルソー「虎に襲われた兵士」，ピカソ「曲芸師と幼いアルルカン」など計80点。いずれも初めて国外で公開される傑作ばかりだ。」と結ばれている。

　また，絵画の図版は，本件絵画三が約98mm×約57mm，セザンヌの「カード遊びをする人たち」が約97mm×約135mm，ルノワールの「音楽学校生の門出」が約85mm×約54mmの各大きさで掲載されている。

　㈡　右事実によれば，右記事は，優れた作品が所蔵されているが，画集でも見ることのできないバーンズ・コレクションからよりすぐった作品を公開する本件展覧会が平成5年1月から東京の国立西洋美術館で開催されることが前日までに決まったことを中心に，コレクションが公開されるに至ったいきさつ，ワシントン，パリでも公開されること，出品される主な作品とその作家を報道するものであるから，著作権法41条の「時事の事件」の報道に当たるというべきである。そして，本件記事中で，本件展覧会に出品される80点中に含まれる有名画家の作品7点が作品名を挙げて紹介されている中の一つとして本件絵画三が挙げられているから，本件絵画三は，同条の「当該事件を構成する著作物」に当たるものというべきである。また，複製された本件絵画三の大きさが前記の程度であること，右記事全体の大きさとの比較，カラー印刷とはいえ通常の新聞紙という紙質等を考慮すれば，右複製は，同条の「報道の目的上正当な範囲内において」されたものと認められる。

　よって，右記事中の本件絵画三の利用については，時事の事件の報道

のための利用の抗弁は理由がある。

　㈢　原告は，他の新聞社主催の展覧会についての被告新聞の記事と比べて，とりわけ本件展覧会について被告新聞に多数の記事が掲載されたこと，及び右記事が本件展覧会の開始前に掲載されたことをとらえて，右記事は時事の事件の報道には当たらない旨主張するが，本件展覧会についての記事の掲載回数が多いとはいっても，右記事は，自社の主催するものとはいえ，バーンズ・コレクションが日本で公開されることが決まったというそれなりに報道価値のある時事の事件を報道するもので，ことさらに事件性を仕立てあげたものとも認められず，展覧会開催の１年１か月前の記事であることからすれば，宣伝的要素はむしろ少ないものと認められ，原告の主張は採用できない。

　両者を比較すると，判決は，とりわけ記事の「宣伝的要素」に重きを置いているように見えます。

　貴社の予定する特集記事は宣伝目的で組むものなので，本来的に「時事の事件の報道」と評価されにくい面があります。

　報道内容の新規性，秘密性等のニュース価値や報道時期等を慎重に吟味し，極力，宣伝的要素を排除するよう努めるべきです。

　㈣　写真，映画，放送その他の方法によること

　「その他の方法」には，新聞・雑誌・インターネット等，公衆に対して情報を提供するものは広く含まれると考えていいでしょう。

　㈦　当該事件を構成し，または当該事件の過程において見聞きされる著作物であること

　報道内容中に掲載する絵画について直接か間接かは別として，コメントが付されているとわかることが必要でしょう。

　なお，利用される著作物は公表されているか否かは問われませんので，

引用の場合より対象範囲が広がることになります。

(エ)　報道の目的上正当な範囲内での利用であること

正当な範囲内かどうかは，報道するために本当に必要かどうか，著作物の本来的利用と衝突しないかどうかで判断すべきです（加戸288頁）。

「バーンズ・コレクション事件」肯定例においては，上記のとおり，複製された絵画の大きさ，記事全体の大きさとの比較，カラー印刷とはいえ通常の新聞紙という紙質であること等を検討し，正当な範囲内であると結論付けています。

本問においても，報道記事の内容において触れている絵を掲載し，記事中に占める絵の面積を文章部分と対比してできるだけ小さくし，紙質もあまり印刷効果のあがる物は使わないようにする等の配慮は必要でしょう。

(オ)　出所明示（著作権法48条1項3号）

本問において出所明示をする慣行があるか否かは不明ですが，さほど困難ではありませんし，宣伝のための特集記事という目的にはかえって適うと考えられることからするべきでしょう。

③　引用（著作権法32条1項）

無許諾利用の王様である「引用」の成否は常に検討すべきです。最も問題になるのはやはり主従関係の要件ですが，「バーンズ・コレクション事件」では，引用の必要性が微弱であること，文章部分と引用された絵画部分との大小関係，紙面上にカラー印刷された絵画から強い印象を受けること，他の絵画と入れ替えても文章に何の違和感もないほど文章と絵画の関連性が希薄であること，引用の必要性に乏しくむしろ絵画の紹介こそが主眼となっていること等に着目し，1箇所も主従関係を肯定しませんでした。

また，文章部分が定型的なあいさつ文であること，絵画の名称等のデータの紹介に過ぎないことから文章部分の著作物性を否定し，これを理由に

引用の成立を認めなかった部分もあります。

　これはすなわち，利用する側の作品に著作物性が認められない場合は，引用が成立しないということを明らかにしたということです。これについては，⑶で詳しく検討してみましょう。

⑶　入 場 券

　「バーンズ・コレクション事件」では，入場券（および割引引換券）に掲載されたピカソの絵画についても著作権侵害ではないかが争われました。判決は，入場券の絵画以外の部分は単にコレクション名称や画家名その他の事実を記載したのみであり，創作性のある著作物ではないから引用は成立しないと判断しました。その理由は次のとおりです。

> 　本条項の立法趣旨は，新しい著作物を創作する上で，既存の著作物の表現を引用して利用しなければならない場合があることから，所定の要件を具備する引用行為に著作権の効力が及ばないものとすることにあると解されるから，利用する側に著作物性，創作性が認められない場合は，引用に該当せず，本条項の適用はないものである。

　他人の著作物を無許諾で利用することが許されるという恩恵を得るには，新しい著作物を生み出すくらいのことはしなければいけないだろうという価値判断が認められます。

　この判決が言うように「引用する側に著作物性があること」も引用の成立要件と考えることが可能ですが，引用の成立範囲を狭めるものとして批判もあるところです（別冊ジュリスト『著作権判例百選〔第 3 版〕』169頁）。

　そしてQ11で紹介した美術鑑定書事件知財高裁判決では，逆にこれは要件ではないと明示されました。

⑷　小　冊　子

　今回の会場では全作品のカラー複製画付きの解説書を販売する予定とい
うことです。思い出の品として来場者の需要は高く，一般にも立派な冊子
が作られて会場で販売されています。大いに売上げに貢献することが期待
されますが，これは著作権侵害になる可能性が高いでしょう。

　著作権者の許諾なしで「複製画」を作ってしまうのだから当たり前では
ないか，と思われるかもしれませんが，ここで主催者の誤解のよりどころ
となっている条文を紹介しておきます。

（美術の著作物等の展示に伴う複製）

第47条　美術の著作物又は写真の著作物の原作品により，第25条に規定
　する権利を害することなく，これらの著作物を公に展示する者は，観
　覧者のためにこれらの著作物の解説又は紹介をすることを目的とする
　小冊子にこれらの著作物を掲載することができる。

　したがって，販売予定の「カラー複製画付きの解説書」がここで言う
「小冊子」に該当するのであれば著作権侵害にはならないという結論とな
るのです。

　「バーンズ・コレクション事件」においてもやはり展示作品の解説書が
製作され，小冊子該当性が問題となりました。判決を見てみましょう。

　　1　著作権法47条所定の観覧者のために美術の著作物又は写真の著作
物の解説又は紹介をすることを目的とする小冊子とは，観覧者のために
展示された著作物を解説又は紹介することを目的とする小型のカタログ，
目録又は図録等を意味するものであり，展示された原作品を鑑賞しよう
とする観覧者のために著作物の解説又は紹介をすることを目的とするも
のであるから，掲載される作品の複製の質が複製自体の鑑賞を目的とす

るものではなく，展示された原作品と解説又は紹介との対応関係を明らかにする程度のものであることを前提としているものと解され，たとえ，観覧者に頒布されるものであっても，<u>紙質，判型，作品の複製態様等を総合して，複製された作品の鑑賞用の図書として販売されているものと同様の価値を有するものは，同条所定の小冊子に含まれないと解するのが相当である。</u>

　2　前記検甲第四号証によれば，本件書籍は，約300mm×約225mmの規格で，上質紙が用いられており，総頁数136頁であるところ，そのうち92頁には本件展覧会で展示された作品80点が掲載されており，しかも，各作品は，1頁につき1点ないしは見開き2頁にわたって1点が掲載されている。そして，本件絵画は，縦がいずれも約200mm，横は作品によって約113ないし約147mmの大きさで，カラー印刷で7頁にわたって，各頁に本件絵画一ないし七が1点ずつ複製されており，各絵画についての解説文は各頁の下部約4分の1のスペースに印刷されているのみであることが認められる。

　3　右のような本件書籍の紙質，判型，作品の複製態様等の事実によれば，本件書籍は，実質的に見て鑑賞用の画集として市中に販売されているものと同様の価値を有すると認められるものであるから，著作権法47条にいう著作物の解説又は紹介を目的とする小冊子に当たるということはできない。

　販売予定の解説書には全作品が掲載されるのであり，その複製態様は規模の大きいものであると言えます。カラー複製，有償販売と言うからには紙質も相当程度高いことが予想されます。「複製された作品の観賞用の図書として販売されているものと同様の価値を有するもの」と判断される可能性が高いでしょう。

　そのような小冊子がなぜ認められないのかは，著作権者が収益をあげられる「複製された作品の観賞用の図書として販売されているもの」の売上げに与える悪影響を想起していただければ明らかでしょう。

[雪丸真吾]

Q106　ピカソの絵画の掲載

　東京の美術館でピカソ（1973年没）の展覧会が開かれることになりました。これを機会に私のウェブサイト「ピカソ大好き」にピカソの絵を追加したいのですが，著作者の許諾は必要ですか。許諾が必要な場合，ピカソはすでに亡くなっていますが，誰から許諾を得ればいいのでしょうか。

A　ピカソの絵については，著作権法32条（引用）または著作権法41条（時事の事件の報道のための利用）の要件を満たさない限り，ピカソの相続人の代表者から許諾を得る必要があります。

解　説

(1)　著作権者の許諾は必要か

①　ピカソの絵の著作物性

　ピカソの絵が「著作物」にあたることには誰も異論がないところでしょう。また，ピカソが亡くなってから70年以上経過していませんので，その絵を日本で複製しようとする場合には，現在でも日本の著作権法の適用があります（著作権法51条）。著作権の保護期間については後ほど詳しくご説明します。したがって，本問でも，原則として著作権者の許諾を得る必要があります。

　しかし，この場合には，引用（同法32条）もしくは時事の事件の報道の
ための利用（同法41条）の要件を満たせば，許諾を得る必要がありません。

② 時事の事件の報道のための利用
　この要件についてはQ48の解説をご覧ください。
　本問では，第1に，利用の目的が，時事の事件の報道であるかどうかが
問題となります。これは，客観的に判断して時事の事件と判断されること
が必要で，その利用態様からして著作物の利用に主眼があると認められる
ようなものでないことが条件となります。第2に，利用の範囲が，報道の
目的に応じ正当な範囲内にあることが必要です。正当な範囲というのは，
報道の目的を達するために本当に必要かどうかという観点から判断する必
要があります。
　この点，本問と同様の事案に関する「バーンズ・コレクション事件」判
決（東京地判平成10年2月20日）が参考になります。
　本問においても，展覧会開催が決定されたという時事を中心に，展覧会
が開催されるに至った経緯，展覧会の意義，展覧会に出品される主な作品
とその作家等を客観的に紹介するような記事であれば，ウェブサイトであ
っても「時事の事件の報道」にあたります。また，掲載される絵の大きさ
や記事全体に占める割合等を考慮して，著作物の利用に主眼があると認め
られるようなものでなく報道の目的を達するために本当に必要と言える場
合には，「報道の目的上正当な範囲内」での利用として許諾が不要である
と解されます。しかし，時事報道の後も掲載を続けることは，目的外の使
用となり，無許可では利用できません。

③ 引　　用
　次に引用についてですが，要件についての詳しい解説は第3章をご覧く

ださい。

　適法引用の要件のうち，本問で問題となるのは，引用する側の記事と引用される複製絵画との間に，前者が主，後者が従という関係が認められるかという点でしょう。掲載絵画に関する部分の記事が，内容的にこの絵画を複製掲載する必要性が微弱であるとともに外形的にもカラー印刷された絵画の方が読者の受ける印象が大きいような場合や，曖昧かつ抽象的な内容で該当する絵画ではなくピカソの他の作品を掲載しても文章として成り立つような場合には，この絵画を紙面に紹介することのみを目的とするものであり，絵画の複製が主，記事が従の関係にあると判断しています。

　本問でも，単にコレクションの名称や出展画家の紹介，その他展覧会の開催の事実だけではなく，例えば掲載するピカソの絵の画風，時代背景や歴史的意義，ピカソがその絵を描くに至った経緯，その絵の展覧会における位置付け，その絵に対する記者の感想や絵画界における評価等々，この掲載絵画についての個別具体的な論評がなされているなど，掲載絵画と比較して，読者が論評が主，掲載絵画がそれら論評の従であるとの印象を受けないものであれば，著作物性の要件と主従関係の要件を満たし適法な引用となると考えられます。

④　まとめ

　以上のように，利用方法が，時事の事件の報道（同法32条）または引用（同法41条）の要件を充足すれば，著作権者の許諾を得る必要はありません。

(2)　許諾が必要な場合，誰から許諾を得ればよいか

　ピカソが1973年4月8日に死亡したことにより，同人の子であるクロード・リュイズ・ピカソ，マヤ・ルイズ・ピカソ，パロマ・ルイズ・ピカソ

およびポール・ルイズ・ピカソが，本件絵画の著作権を相続し，ポール・ルイズ・ピカソが1975年6月5日死亡したことにより，同人の子であるベルナール・ルイズ・ピカソおよびマリナ・ピカソが，ポール・ルイズ・ピカソが有していた本件絵画の著作権を相続しました。クロード・リュイズ・ピカソほか上記相続人4名は，ピカソの絵画の著作権を不分割共同所有しており，クロード・リュイズ・ピカソは，不分割所有者の管理者として，フランス民法の規定に従い不分割共同所有者を代表する権限を有しています。

　したがって，許諾が必要な場合，ピカソ絵画の著作権の不分割共同所有権管理者であるクロード・リュイズ・ピカソから許諾を得ることになります。

［芹澤　繁］

Q107　美術品販売時の画像利用

　美術品や写真の販売で商品を紹介するために商品画像を利用したい場合には，権利者の許諾は必要なのでしょうか。

A 法令に定める一定の措置を講じるならば，許諾は必要ありません。

解 説

(1)　商品画像の利用

　インターネットの通販サイトや商品カタログには，売手が販売（または貸与）しようとしている商品の画像が掲載されていることが通常です。商品となった著作物を通販サイトや商品カタログに掲載することは，本来は著作権者の許諾のない限り元の著作物の複製権や公衆送信権を侵害する行

為ですが，商品の大きさやデザイン，使用感などを伝える画像は，買手からすると，商品購入の判断に非常に有益な情報ですので，売手としてはこのような画像をぜひとも買手に示したいところです。

　そこで，著作権法は，このような商品の売手と著作権者の利益を調整するため，限定的なルールの下で，通販サイトやカタログで著作物を提供できるようにしています（著作権法47条の2，同施行令7条の3，同規則4条の2）。

(2)　利用を可能とする基準

　著作権法47条の2，同施行令7条の3，同規則4条の2は，以下のいずれかの基準を満たす場合に，商品となっている著作物を複製し，または公衆送信して表示できることとしています。

1．複製する場合の基準

①　図画として複製する場合，表示の大きさが50平方センチメートル以下であること

②　デジタル方式により複製する場合，画像を構成する画素数が32400以下であること

③　①②のほか，表示の大きさまたは精度が，商品の大きさまたはこれらに係る取引の態様その他の事情に照らし，これらの譲渡または貸与の申出のために必要な最小限度のものであり，かつ，公正な慣行に合致するものであると認められること

2．公衆送信する場合の基準

ア　複製防止手段を用いない場合

①　画像を構成する画素数が32400以下であること

②　①のほか，表示の精度が，商品の大きさまたはこれらに係る取引の態

様その他の事情に照らし，これらの譲渡または貸与の申出のために必要な最小限度のものであり，かつ，公正な慣行に合致するものであると認められること

イ　複製防止手段を用いる場合
　複製防止手段（コピープロテクション）を施す場合には，以下のとおり，そうでない場合よりも緩やかな基準で利用が認められます。
①　画像を構成する画素数が90000以下であること
②　①のほか，表示の精度が，商品の大きさまたはこれらに係る取引の態様その他の事情に照らし，これらの譲渡または貸与の申出のために必要な最小限度のものであり，かつ，公正な慣行に合致するものであると認められること

　なお，これらの基準により利用することができる著作物は美術（絵画，版画，彫刻など）または写真の著作物に限られており，小説や映画などのコンテンツは含まれていないことに注意が必要です。表紙，パッケージ等の外観であれば美術にあたりますので，上記の基準に従い利用することができます。

〔山根俊一郎〕

インターネット上の著作物の無断利用

Q108 ホームページへの公開と利用許諾

あるインターネットのホームページに小噺（こばなし）が載っていました。とてもよくできているので，当社の雑誌で紹介したいと思います。ホームページに掲載する場合，市販の本と違って無料で内容を公開しているわけですから，その内容について誰が利用しても文句は言えないのではないかと思いますがどうでしょうか。もちろん出所については明示するつもりです。

A ホームページに掲載したからといって，当該著作物の自由な利用を許諾したことにはなりません。また，ご質問のような利用目的，態様の場合には引用の要件も満たさず，利用するには著作権者の許可を得る必要があります。

解 説

まず前提として，本件の小噺に著作物性が認められるかが問題となります。小噺とは一般に，短くて面白い話，ちょっと気の利いた話，などと定義されるように，読み手を楽しませるよう表現にそれなりの工夫がなされた文章であることが想定されます。したがって，その話が実際に面白いかどうかは別としても，作成者の個性が何らかの形で表現されたものとして著作物性が肯定されるものが多いと思われ，その場合には著作権者の許諾を得る必要があるのが原則となります。

では，この小噺に著作物性が認められるとして，ホームページに公開されていることを理由として著作権者の許諾なく利用することは可能でしょ

うか。この点，ホームページに著作物を公開するということは，当該著作物につき閲覧者の自由な「閲覧」を認めたにすぎず，掲載された著作物につき，「閲覧」以外の複製，頒布等の著作権的な利用までをも許諾したことにはなりません。また，無償で公開していることも，閲覧以外の複製，頒布等についてまで無償の利用を許諾したことにはなりません。

したがって，インターネットのホームページに掲載された著作物であっても，無償で自由な著作権法上の利用（複製，頒布等）を許諾するという著作権者による意思表示がない限り，原則として著作権者の許諾を得る必要があります。

そこで，このような小噺を，引用として許諾を得ずに利用することは可能かが問題となります。

本件企画の目的は，面白い小噺を読者に紹介することにあると解されます。つまり本件では，小噺を読者に読ませて楽しませ，小噺それ自体を鑑賞の対象とすることを想定しているようですが，そのような利用は，報道，批評，研究その他引用の目的のために必要な範囲内での利用とは言えません。したがって，本件のような態様での利用は，利用の目的，利用態様等の点から，引用の目的上正当な範囲内の利用とは言えないため引用には該当せず，利用するには小噺の著作権者から許諾を得る必要があります。

［近藤美智子］

Q109　インターネット上の音楽や映画等の利用

インターネット上の音楽や映画，画像や小説等の著作物を入手した場合，違法となるのはどのような場合ですか。

A 音楽と映画（劇場で公開されるようなものだけでなく，映像一般を含みます。以下も同様です）については，違法にアップロードされたものであることを知っていながらダウンロードするような場合は，違法な複製になります。

画像，小説等，音楽と映画以外の著作物についても，二次創作作品（二次的著作物）を除き，違法にアップロードされたものと知っていながらダウンロード等する行為は，一定の要件のもと，違法となります。

解　説

1　私的複製とその例外

　著作物は，個人的または家庭内等の限られた範囲内で使用する場合は，著作権者の許諾を得なくても，複製して使用することができます（著作権法30条1項柱書。「私的複製」。なお，同法47条の6第1項1号により翻案することも可能です）。

　しかし，違法にインターネット上にアップロード（自動公衆送信）されている著作物については，次項で説明するとおり，たとえ私的な利用であっても，ダウンロード（複製）が許されない場合があります（同法30条1項3・4号）。

　なお，このほか私的複製であっても許されない複製行為としては，公衆の使用に供された自動複製機器（典型的にはコンビニエンスストアにあるコピー機です。ただし，当面の間，専ら文書・図画の複製をするための機器は対象から除かれていますので，コンビニエンスストアのコピー機で文書・図画をコピーすることは適法です。同法附則5条の2）での複製（同法30条1項1号），コピー防止技術を回避した複製（同法30条1項2号），映画館内での映画の盗撮（映画の盗撮の防止に関する法律4条1項）など

があります。

2　違法アップロードされた著作物のダウンロード等

　違法にアップロードされた著作物を，そのことを知りながらデジタル方式で複製（ダウンロード等）する行為は，一定の要件のもと違法となります。ただし，以下のとおり，著作物の種類（正確には複製態様）によりその要件が異なります。

(1)　音楽・映画の著作物

　違法にアップロードされた音楽または映画の著作物であることを知りながらダウンロード（録音・録画）する場合には，私的複製であっても違法な複製となります（同法30条1項3号）。

　この規定は，平成21年改正で導入されました。音楽・映画の著作物のダウンロードについては，違法アップロードされたものであることを知っていたことのみをもって，違法な複製になります。

　なお，法文上は著作物の種類により区別しているのではなく，複製態様に着目して，「録音又は録画」を直接の規制対象としています。したがって，映画の著作物を対象とする複製行為であっても，違法に配信されている映像を録画ではなくスクリーンショットにより複製する行為は，同項4号で規制されます。

(2)　音楽・映画以外の著作物

　音楽・映画以外の著作物のデジタル方式の複製（正確には録音・録画以外の方法による複製。ダウンロードのみならず，スクリーンショットも含むと解されています）についても，違法にアップロードされたものであることを知りながら行う場合は，違法になります（同法30条1項4号）。

ただし，以下のように，例外的に違法とならない場合があります。

①　複製対象の著作物が，以下のいずれかに当たる場合

　i　二次的著作物（翻訳を除く）

　ii　分量や画質等に照らして軽微なもの

②　複製行為が，著作権者の利益を不当に害しないと認められる特別な事情がある場合

なお，①iの二次的著作物については注意が必要です。原作の著作権者の許諾なく作成された二次的著作物のアップロードは原作の公衆送信権（同法23条1項，28条）を侵害しますが，それを知りながらするダウンロード等の複製は，原作の著作権（複製権）侵害とはしない（私的複製として適法に行う余地を認める）というのがこの例外の意味です。二次的著作物のアップロードが（原作ではなく）当該二次的著作物の著作権者の許諾を得ていない違法なものである場合は，そのことを知りながらダウンロードする行為は，二次的著作物の著作権（複製権）を侵害することになります。二次的著作物であればダウンロードし放題，ということではありません。

　同法30条1項4号は，映画と音楽以外の著作物全般（画像，小説等）についてもダウンロード規制を拡大する趣旨で，令和2年改正で導入されました（①②の具体例等，詳細はQ154を参照）。

　また，スクリーンショットや生配信における著作物の写り込みについては，同改正において著作権制限規定が適用される（著作権侵害から除外する）こととなりました（詳細はQ50を参照）。

3　刑事罰

　前述の要件を満たす違法な複製は，刑事罰（2年以下の懲役若しくは200万円以下の罰金，またはこれらの併科）の対象となり得ます（同法119条3項1号・2号）。

　なお，前記2で説明した要件のほか，①対象の著作物が有償で提供・提示されている正規版であること，②（録音・録画以外の方法による場合）複製が継続的または反復的に行われていること，③故意で行われていることが犯罪成立には必要です。

[山根俊一郎]

Q110　コンピュータに残存する画像や文字情報

　コンピュータで画像や文字情報などの著作物を利用する過程で，コンピュータ内に画像や文字情報のデータが保存された場合，違法な複製にあたりますか？

A 違法な複製にはあたりません。

解　説

　コンピュータで画像や文字情報を閲覧等する場合，コンピュータ内にそのデータが一時的に保存されます。ストリーミングやウェブブラウザのキャッシュがこれにあたります。

　この場合，形式的には著作物の情報が複製されていることになりますが，このような蓄積はコンピュータの円滑な利用上不可避であるため，一律に禁止してしまうと弊害のほうが大きくなります。

　そこで，著作権法は，このようなコンピュータの円滑・効率的な利用のため付随的に行われる記録媒体への記録は，著作権を侵害しないこととしていましたが，平成30年の改正でより広く例外を認めました（著作権法47条の4第1項）。利用が認められるためには，付随的な利用を目的とすることのほか，必要な限度であることと，著作権者の利益を不当に害さない

ことが要件になります。

　このような付随的な利用に伴い複製等が許される具体例として，以下の
3つの場合が明示されています。

① 電子計算機（コンピュータ）において，著作物について複製物を用
いて利用し又は受信して利用する場合に，電子計算機による処理の過
程において，情報処理を円滑又は効率的に行うために当該著作物を当
該電子計算機の記録媒体に記録するとき

② サーバー提供業者等が，他人の自動公衆送信（ネットワーク上の通
信）の遅滞もしくは障害を防止し，又は送信可能化された著作物の送
信の中継を効率的に行うために，著作物を記録媒体に記録する場合

③ 情報通信の技術を利用する方法により情報を提供する場合において，
当該提供を円滑又は効率的に行うための準備に必要な電子計算機によ
る情報処理を行うことを目的として記録媒体への記録又は翻案を行う
とき

　なお，この3つの場合はあくまで例示であり，これらと同等といえる利
用方法であれば，許容される余地が残されています。

　また，記録媒体の修理や交換等のためにバックアップをとる目的で一時
的に複製する場合も，同様の要件のもと著作物の複製をすることができま
す（同法47条の4第2項）。

　ただし，1項と2項，いずれも，上記の目的で複製した著作物を他の目
的で利用する場合は，著作権侵害となります（同法49条1項6号）。

[山根俊一郎]

Q111 検索サービスによる複製

インターネットの情報検索サービスで表示されている画像や記事は適法に複製されているのでしょうか？

A 適法に複製されているといえます。

解 説

1 検索サービスでの複製

GoogleやYahoo！等の検索サービスでキーワードを検索すると，検索エンジンはサーバ上に集積されたインターネット上の情報を解析して，キーワードと関連するウェブサイトのURL等とともに，一定の順位に従って検索結果を表示します。

その際，検索結果に関連する画像（サムネイル）やウェブサイトの記事の一部（スニペット）が併せて表示されます。

これらの表示が著作物を含む場合，当該著作物の複製・翻案・公衆送信等に当たり得るため，検索結果の提供について著作権者の許諾がない限り著作権侵害になると考えることができます。

しかし，検索サービスは現代社会において必要不可欠な利便性を有するに至っており，他方で，検索のたびに逐一著作権者の許諾を得ることは困難で，また，このような検索結果の表示は著作権者の利益を害するおそれが小さいものです。そこで，平成21年改正により，検索サービスを提供する目的のため必要な限度で，著作物の複製等を行うことが認められました。

2 平成30年改正

さらに，平成30年改正ではこの規定を拡張して，コンピュータによる情

報の解析に附随して，必要な限度で，公衆に提示・提供されている著作物を複製等して利用することは，軽微な利用である限り，検索サービスに限定せず広く認められることとなりました（著作権法47条の5第1項）。ただし，対象となる著作物が著作権を侵害して公衆に提示・提供されているものであることを知りながら利用する場合など，著作権者の利益を不当に害する場合は除かれます（同項但書）。

　また，そのような利用の準備としてデータベースを作成するなどする際に，著作物を複製等することも認められます（同条2項）。ただし，サービス提供自体と同様に，著作権者の利益を不当に害する場合は除かれます（同項但書）。

　改正により新たに可能となった利用方法としては，例えば，審査対象の論文について，先行する文献からの剽窃箇所を抽出して提示するようなサービスが挙げられます。

　なお，データベース作成のために複製した著作物について，上記のようなサービスの提供という目的を離れて利用した場合には，原則どおり著作権侵害となります（同法49条1項6号）。

［山根俊一郎］

Q112 ┃ リンクと著作権

私はホームページに食べ物に関するコラムを載せていますが，私が批評しているあるレストランのホームページのリンクを張りたいと思います。私はそのレストランのことを辛辣に書いているので，許可を求めるのは無理そうなのですが，やはり許可が必要でしょうか。

A リンクを張ること自体は，著作権を侵害するものではありませんので，基本的には許可を得る必要はありません。
ただし，意図的，積極的に著作権侵害コンテンツにリンクさせて収益をあげているような場合や，フレームリンクやディープリンク等の特殊なリンクの場合には，著作権法その他の法律に抵触する可能性があるため，留意が必要です。

解　説

リンクには様々な種類のものがありますが，一般的なリンクとしては，ハイパーリンクと呼ばれるもののように，リンク元のサイトにおいて，リンク先のサイトのURLを表示し，ホームページの閲覧者が表示されたURLをクリックすると，リンク先のウェブサイトの内容が表示されるというものがあります。また，ウェブサイト上にフレームを設けて，そのフレームの中で，リンク先の別のウェブサイトの画面の一部を映し出すフレームリンクや，他のホームページを通過して，直接その次の階層のページにリンクされるディープリンク等，特殊なリンクもあり，これらについては問題が指摘されています。

まずハイパーリンク等の一般的なリンクの場合，リンク元のサイトでは，リンク先のサイトのURLを示しているに過ぎず，リンク先のホームペー

ジ上における具体的な表現内容を複製または送信可能化（著作権法23条）
しているわけではありません。

　したがってリンク先のホームページの内容が著作物であるとしても，
URLを表示して，リンク先のホームページにリンクさせる行為自体は，
リンク先の著作物そのものの複製，送信可能化等，著作権を侵害する行為
ではありません。リンクについて許可を条件としているホームページもあ
るようですが，少なくとも著作権法的には許可は必要ではありません。

　もっとも，こうしたリンクを張る行為でも，①リンク先の著作物が著作
権を侵害するものであり，②リンクが無効になると別のサイトを探してリ
ンクを改定している，③リンクサイトの運営により広告収入を得ている，
④リンクをインデックス化する等，閲覧者を積極的に侵害物のサイトへ誘
導している等の事情がある場合には，不法行為が成立するという考え方も
ありますので留意が必要です（東京弁護士会法律研究部『法律実務研究』
28号，2013年4月，62頁以下，「ネット利用の法的諸問題」を参照してくだ
さい。なお，札幌地裁平成29年6月14日判決「ペンギンパレード1事件」
では，写真の無断複製を掲載していたサイトへのリンクを張る行為につい
て著作権侵害を認めたかのような判断がなされたり，札幌地裁平成30年5
月18日判決等では同様の行為が著作権侵害の幇助であるとの判断がされて
います）。また，リンク先の著作物の著作者の名誉声望を害するような方
法でリンクが張られれば著作者人格権の侵害（同法113条7項）となる可
能性も考えられます。なお，令和2年の著作権法改正では，違法にアップ
ロードされた著作物を集めたリーチサイト等であることを知りながら（ま
たは，知ることができたと認めるに足りる相当な理由がありながら）リン
クを張る行為等について，一定の場合に著作権侵害と見なすとの規定が刑
事罰を伴う形で新たにできました（同法113条2項・120条の2）。

　次に，フレームリンク，ディープリンク等の特殊なリンクですが，まず

　フレームリンクは，上記のとおり，リンク元のサイト上に設定したフレームの中に，リンク先の画像が映し出されるもので，あたかも自分の著作物の中に他人の著作物を取り込み，それを自分の著作物のように見せる効果があります。このようにリンク先の著作物をリンク元の著作物の中に取り込むことにより，リンク先の著作物が本来予定していたのと異なった表現上の効果を生じさせる結果となるような場合には，リンク先の著作者の翻案権侵害および著作者人格権（氏名表示権利，同一性保持権）を侵害すると評価される可能性があります（なお，知財高裁平成30年4月25日判決「リツイート事件」では，ツイートのタイムラインに表示された写真の画像がもともとの写真と異なるように表示されていた事案で，同一性保持権侵害を認めました）。

　また，ディープリンクは，リンク先のホームページを飛ばして次の階層に直接リンクさせることとなるため，リンク先のサイト上の公告機能を失わせ，リンク先に経済的不利益を生じさせる可能性があります。さらにディープリンク，フレームリンクいずれについても，リンクの態様によってはリンク元とリンク先の区別が困難となる可能性があります。この場合でも，リンク元では著作物を複製，公衆送信等をしているわけではない以上，著作権法侵害が成立すると解することは難しいですが，リンク先とリンク元の区別につき閲覧者の誤認を招くような態様でリンクが張られた場合には，不正競争防止法違反が成立する可能性があると考えられます。また，一般的な不法行為や，人格権侵害の可能性についても，フレームリンク，ディープリンク共に通常のリンクと同様の可能性があります。したがって，このような態様でのリンクは差し控えるべきです。

［近藤美智子］

第5章
権利者の確定に
伴う問題

「平成名作漫画シリーズ」という企画で漫画のアンソロジー本を作りたいんですが，編集者特権で僕の大好きな昔の先生の作品を入れたいんです。だけど，ペンネームで活動されてるんで行方も連絡先もわからなくて……。ネット上にも手掛かりなしです。

その作品を出版してた出版社とか日本漫画家協会は？

そう言うと思ってすでに聞いたんですが駄目でした！

珍しく気が利いてるな。サイテイだな。

何ですか，最低って！　褒めるのかけなすのかどっちかにしてくださいよ。

最低じゃなくて裁定！

Q113　インタビュー記事の著作者

ある雑誌に有名な女優のインタビュー記事が載っていました。その中のあるエピソードが心温まるものなので，インタビューの中のその部分を当社が発行する雑誌のコラムに掲載したいと思います。許諾を得る必要があるでしょうか。あるとすれば，誰に許諾を求めたらいいでしょうか。

A 許諾を得る必要があるかどうかは引用の成否によって結論が異なります。許諾を得る相手方としては，インタビューの形式によって女優さんのみでいい場合とインタビュー記事が掲載されていた雑誌社にも許諾を得なければならない場合があります。

解　説

(1)　インタビュー記事の著作物性

本問のインタビュー記事は，雑誌社のインタビュアーから質問がなされ，これに対する女優の回答が記事にまとめられたものと考えられますが，記事の具体的な表現には個性が十分に現れるはずであり，著作物であると思われます。

したがって，その場合には「雑誌のコラムに掲載」するという複製利用を行うには著作権者の許諾が必要となります。

(2)　引用の成否

本問の中心テーマではありませんので詳しくは触れませんが，コラムの一部として掲載するということなので，そのコラムの性質によっては「引用」（著作権法32条1項）が成立する可能性もあります。

(3) 著作者は誰か

　以降は，引用が成立せず，やはり許諾を得ることが必要な場合の検討を
したいと思います。本問のインタビュー記事の著作者は誰なのでしょうか。
女優でしょうか，雑誌社でしょうか。それは，インタビュー記事の著作者
が誰かによって異なってきます。

　考え得る場合は以下の３つです。

① 　女優が単独著作者

② 　雑誌社が単独著作者

③ 　女優と雑誌社が共同著作者

(4) 女優が単独著作者の場合

　インタビュー記事が，女優の口述した言葉を逐語的に，あるいは，多少
の些末な語句の修正をほどこして文書化しただけの場合は，雑誌社に特段
の創作的行為があるとは認められないので，女優が単独著作者と考えられ
ます。

　この場合，許諾を得るのは女優のみでよいことになります。

(5) 雑誌社が単独著作者

　インタビュー記事の作成において，女優の創作的関与が認められない場
合もあります。

　例えば，あらかじめ雑誌社によって用意された質問に女優が回答した内
容を雑誌社側の企画，方針等に応じて取捨選択され，雑誌社によりさらに
表現上の加除訂正等が加えられて記事が作成され，その過程において女優
が何ら手を加えていないような場合はどうでしょうか。このとき，女優は
記事の表現の作成に創作的に関与したものではなく，単に記事作成のため
の事実等の素材を提供したにとどまり，創作的表現はすべて雑誌社により

生み出されたものと評価されますので，雑誌社が単独著作者となります（東京地判平成10年10月29日「スマップ事件」）。

　この場合，許諾を得るのは雑誌社のみでいいことになります。

⑹　女優と雑誌社（または対談相手）が共同著作者

　インタビュー記事が共同著作物となるのはどのような場合でしょうか。共同著作物とは「二人以上の者が共同して創作した著作物であって，その各人の寄与を分離して個別的に利用することができないもの」（同法2条1項12号）を言います。

　女優が口述したことをもとに雑誌社がインタビュー記事の原稿を作成し，その原稿を女優が閲読して表現を加除訂正したうえで記事を完成させた場合などは，共同著作物と判断していいでしょう。この場合，許諾を得るのは女優・雑誌社双方ということになります。

　女優の関与の度合いによって前記②と区別することになりますが，その境界は微妙なものにならざるを得ないでしょう。

　参考までに，口述を文章化した著作物について共同著作物との認定がなされた裁判例として，大阪地判平成4年8月27日「肝臓移植闘病記事件」を紹介しておきます。

Ⅰ　「ほぼ【B】の口述したとおりの文章を入力したうえで，文章構成，文体を考慮しながら，重複する部分を削除し，【B】に，趣旨の不明な部分を聞き質して読者に分るよう書き改めたり，その時どのような気持ちであったか等の詳細や，他に読者が興味を惹かれるような出来事が無かったかなどを尋ね，その結果を自分なりに取捨選択して文章を補充訂正し，文章として完成させた。【B】は，そのようにして作成された文章を点検のうえ補充訂正した。」部分について，

　「被告【D】も，単なる補助者としての関与にとどまらず，自らの創意を働かせて創作に従事していたと認められ，他方，【B】もまた，単に被告【D】の創作のためのヒントやテーマを与えたという程度にとどまらず，その創作に従事していたと認めることができるから，この部分は，【B】と被告【D】が共同して創作した著作物であって，各人の寄与を分離して個別的に利用することができないものであると認めるのが相当」と認定しています。

Ⅱ　「【B】が書いて欲しい事柄を口頭で被告【D】に伝え，被告【D】が，その【B】の指示に基づいて，【B】が明確に伝えた事柄とそれから推測される【B】が書きたいと思っているであろう事柄に関して，【B】と行動を共にした際の自らの体験や，それまでに【B】から聞いて記憶している事実関係を基礎に自由に作文を進め，それだけではできないときには，【B】に具体的状況や気持ちを聞き質し補充しながら文章を作成した。【B】はそのようにして被告【D】が作成した文章を点検し，削除や補充訂正をした」部分につき，

　　「【B】が具体的に口述して被告【D】に記録させた部分は【B】が創作したと認めるべきであり，【B】が抽象的に書いて欲しい事柄を指示しただけで文章表現は被告【D】が自分で考えた部分や，【B】の明示の指示はなかったが【B】の意思を推測して被告【D】が自由に書いた部分は被告【D】が創作したというべきであり，被告【D】が書いた文章を【B】が点検して補充訂正した部分は両名が共同して創作したというべきであるが，B部分のうちのどの文章で【B】と被告【D】のどちらがどれだけ創意を働かせたかは具体的には明らかでなく，その関与の態様毎に明確に区分することはできないから，結局，単独か共同か不明の部分全体が【B】と被告【D】が共同して創作したものであって，各人の寄与を分離して個別的に利用することができないものであると認め

るのが相当」と認定しています。

(7)　具体的な権利処理の方法

　上記のように，女優の関与の度合いによって結論は異なるわけですが，対談記事から外部の第三者に女優の関与の態様・程度は把握できない場合もあるでしょう。その場合には，雑誌社に連絡をとり，著作者が誰になるかを確認することになりましょう。

　雑誌社が，「自社が唯一の著作者である」と言う場合も，女優との間で権利帰属の確認がなされているかの確認や，唯一の著作者であることを保証し，仮に女優からクレームがついた場合は雑誌社が責任を負う旨の誓約を取り付ける必要もありそうですが，あまり現実的ではないとすれば，引用としての利用が可能かなども考えなければなりません。

[雪丸真吾]

Q114　共著の著作者

　学者が書いた研究論文を出版したいと思って調べたところ，その論文は2名の学者の共著であることが分かりました。このような場合，それぞれの学者から許諾を得る必要がありますか。

A それぞれの学者から許諾を得る必要があります。

解　説

(1)　共同著作物と集合著作物

　「共著」と言った場合，実際には次の2種が区別なく使用されていることがあります。

　第1に考えられるのは共同著作物と判断される場合です。共同著作物とは「二人以上の者が共同して創作した著作物であつて，その各人の寄与を分離して個別的に利用することができないものをいう。」（著作権法2条1項12号）とされています。

　次に考え得るのは，結合著作物と判断される場合です。結合著作物とは，複数人が関与してできあがった著作物であってもそれぞれの創作した部分を分別できるような場合を言います。分離して個別的に利用することが可能ですから共同著作物ではなく，個々の著作物がたまたま結合しているに過ぎない場合と言えます。分担執筆と言うべきものでしょう。百科事典の各項目の著者の関係などがそうです。

(2)　研究論文

　本問で問題となっている研究論文ですが，2人で共同研究を行った結果得た成果を協力して論文にまとめたものと推察されます。何よりも正確性が重視され，また自身の学者としての評価を決定付ける研究論文ですから，自分が執筆したものではない相方の担当部分についても必ず目を通し，綿密に検討したうえで完成させているでしょう。したがって，研究論文については共同著作物の場合が多いのではないかと思われます。

(3)　共同著作物の著作権の行使

　本問においては，この研究論文を出版する予定なので，著作権者から複製許諾を受けるか譲渡を受けるか，出版権を設定してもらう必要があります。

　著作権法は，このような権利行使につき「共有者全員の合意によらなければ，行使することができない。」（同法65条2項）と定めていますので，共同著作物の著作権を共有するそれぞれの学者両方から許諾を受ける必要

があります。

⑷　代表者の定め

　本件のように共有者が2人であれば全員から許諾を得ることもさほど困難ではありませんが，10人を超えるような多数の人によって創作された共同著作物の場合は，全員から許諾を得るのは大変です。そのために利用希望者が減るようなことがあれば著作者にとっても望ましい結果ではないでしょう。

　そこで，著作権法は共有者の中から著作権を代表して行使する者を定めることができることを規定しています（同法65条4項，64条3項）。

　この規定は，実は重要です。権利処理の窓口を一元化することにより，将来における増刷や，第三者への一部利用の許諾等の権利行使を容易にするからです。

[雪丸真吾]

Q115　著作権者不明の場合

　著作者が不明の著作物を利用したいのですが，どうすれば利用できますか。

A　著作権者不明等の場合における裁定制度を活用すれば，利用することができます。

解説

⑴　裁定制度とはどのようなものか

　他人の著作物を利用するためには，著作権者から許諾を得るのが原則で

す。ただ，著作権者が誰か分からないとか，分かっていてもどこにいるの
か分からない等といった場合にこの原則を貫くと，他人の著作物を利用し
ようとする者に無理を強いてしまいます。そこで，このような場合には，
文化庁長官の裁定を受けて，著作権者のために通常の使用料相当と文化庁
長官が定める額を供託すれば，許諾なく他人の著作物を利用できることに
なっています。

⑵　どのような場合に著作権者不明と言えるか

　ここで「著作権者が不明」というためには，著作権者を探す「相当の努
力」をしたことが必要です。そうでなければ，著作権者の許諾なく利用で
きてしまう著作物の範囲が広くなり，不当だからです。

⑶　「相当な努力」とは何をすればよいのか

　では，「相当な努力」とは，何をすればよいのでしょうか。大きく２つ
に分けることができます。１つは，著作権者と連絡をとるための情報（氏
名，名称，住所，居所等）の収集であり，もう１つは，収集した情報に基
づいた権利者への連絡です。

⑷　著作権者の情報収集
①　情報収集の方法

　１つ目の著作権者の情報収集については，次の３つをすべて行う必要が
あります（著作権法施行令７条の５，平成21年文化庁告示第26号，平成26
年文化庁告示第38号）。

　　i　名簿・名鑑等（ex. 文化人名録，文藝年鑑等）の調査またはインタ
　　　ーネット上の検索サービス（ex. GoogleやYahoo! 等）による調査

　　ii　著作権等管理事業者および著作者団体や学会等に対する照会

iii 時事に関する事項を掲載する日刊新聞紙（ex. 中央紙，ブロック紙，地方紙）へ掲載する方法または公益社団法人著作権情報センター（CRIC）のウェブサイトに7日以上継続して掲載する方法によって広く権利者情報の提供を求めること

② 具体的な運用

iにおいては，いずれか適切なものを選択すればよいとされています（従前は2種の調査はいずれもしなければなりませんでした）。また，iiでは，同種の著作物を取り扱う者（ex. 音楽であればJASRACや株式会社NexToneがあります。文芸作品であれば，日本文藝家協会があります。）への照会と同種著作物について識見を有する者を主たる構成員とする法人等（ex. 日本漫画家協会，著作権者が出版物を出版した法人，著作権者が所属していた大学等）への照会をする必要があります。さらに，iiiは，ウェブサイト上の掲載期間は7日以上となっています。なお，一度裁定を受けた著作物については，文化庁が設置する裁定データベース（文化庁のホームページからアクセスすることができます）を利用することで，iやiiの要件が緩和されています。

⑸ **権利者への連絡**

そうして，著作権者の情報を得れば，2つ目の権利者への連絡を行います。具体的には，得られた情報の内容に応じて，訪問，郵送，宅配（住所が判明している場合），電話，FAX，メール（これらの情報が判明している場合）等によって，権利者への連絡を行います。なお，裁定制度は，権利者不明の場合に利用できる制度ですから，連絡がついたけれども，権利者が利用に同意してくれないという場合は利用できません。

⑹　裁定手続の概要

①　所定の申請書に所定の事項を記入し，所定の添付資料とともに文化庁著作権課へ提出します。文化庁ホームページでは，申請書の様式が取得できるほか，「裁定の手引き」（ダウンロードが可能です）によって，申請書の記載方法，必要な添付資料等が確認できます。

②　また，文化庁長官に対する申出によって，申請中に著作物を利用することもできます（この方法がとられることがほとんどです）。この場合，文化庁長官が定めた担保金（原則として申請から2〜3週間で通知されます）を供託所に供託することで利用が可能となります。

③　標準処理期間の目安として，申請から2カ月程度で申請に対する文化庁長官の裁定の可否の判断がされるとされています。裁定がなされた場合には，その際定められた補償金を供託所に供託することによって著作物の利用が可能となります（すでに申請中利用のために担保金を供託していた場合には，それとの調整があります）。

④　裁定申請を希望する場合には，上記の「裁定の手引き」を参照した上で，裁定申請を行う前に文化庁担当者に相談するとよいでしょう。そのようにすることで，申請書類や添付書類に不備がある場合等を防止することができ，裁定手続が円滑に進むことが期待できるからです。

［福市航介］

Q116　利用許諾契約と出版権設定契約

　弊社は，作家のA先生の原稿を出版したいのですが，A先生から原稿の利用について承諾を得る必要があると思います。承諾を得る方法として，利用許諾契約と出版権設定契約があると聞きましたが，内容を教えてください。

A　利用許諾契約は，著作物である原稿を利用させてもらう契約であり，その利用方法は柔軟に決めることができますが，著作権侵害があったときに自ら対応することが難しいことがあるほか，二重出版を防止するのに必ずしも十分でない場合があります。出版権設定契約は，出版権自体が著作権法に規定がありますので，利用方法を柔軟に決めることはできませんが，著作権侵害があったときに自ら対応でき，二重出版を防止することに有効です。

解　説

　他人の著作物を利用しようとするとき，引用等にあたらなければ，著作者（著作権者）の承諾が必要です。承諾には，口頭での承諾もあるでしょうが，契約書による承諾を得ることが紛争防止のために適切です。契約には，利用許諾契約と出版権設定契約の2つがあります。

　利用許諾契約とは，契約上の取り決めに従う限り，著作者（著作権者）から著作権侵害を主張されないものとする契約です（著作権法63条）。これに加え，著作者（著作権者）が他の人に利用許諾をしないという内容も含まれる契約があります。「独占的利用許諾」と呼ばれたりします。独占的利用許諾であれば，自社だけが契約で定められた範囲で著作物を独占的に利用できるので安心です。この許諾の範囲は，出版のみならず，他の利

用方法も含みますので，柔軟であるといえます（詳細は，同法63条をご参照ください）。また，著作権が譲渡されても譲渡先に利用許諾に基づく権利を主張できます（同法63条の2）。もっとも，利用許諾契約は，あくまでも著作者（著作権者）から著作権侵害を主張されないという地位を獲得するためのものです。他人の著作権侵害に自ら対応する権利まで与えられているわけではありません。なお，独占的利用許諾であっても，著作者（著作権者）に対して他社に許諾をしてはならないといえるだけですから，やはり同じです。また，非独占的利用許諾であれば，二重出版を防ぐことはできませんし，独占的利用許諾であっても，著作権者に契約違反を言えるだけで，二重出版された出版物を差し止めることはできません。

　出版権設定契約とは，著作者（著作権者）に著作物について出版権を設定してもらうという契約です。出版権は，頒布の目的をもって，原作のまま印刷等により文書または図画として複製する権利（同法80条1項1号）と，原作のまま著作物の複製物を用いて公衆送信する権利（同法80条1項2号）をいいます。「原作のまま」という限定があることや，複製と公衆送信の利用方法だけが出版権として認められます。もっとも，出版権は，他人の著作権侵害に対して差止請求等をすることができます。また，出版権は，それを登録すれば第三者に対抗できますから，登録後に二重出版された出版物を差し止めることもできます。ちなみに，平成26年の著作権法改正までは，出版権の内容は，書籍や画集等のオフラインでの利用形態に限られるものとされていましたが，この著作権法改正により，上記のとおり，オンラインの利用形態も出版権の内容に入りました（同法80条1項）。そのため，著作権者と出版者は，オフラインの利用形態の出版権設定契約をしてもよいし，オンラインだけの出版権設定契約をしても，その2つを設定してもよいことになりました。

［福市航介］

Q117　出版権設定契約書の書式

これから出版権設定契約書を作成しようと思いますが，何か参考となる書式はありますか。

A 日本書籍出版協会が公表している契約書式（http://www.jbpa.or.jp/publication/contract.html）や日本ユニ著作権センターが公表している契約書式（http://jucc.sakura.ne.jp/）等があります。

［福市航介］

Q118　出版許諾済み著作物と二重の利用

私は，フリーのルポライターですが，私がB社から出版したドキュメンタリー小説の一部を，C社から出版する書籍の執筆にあたって利用したいのですが，B社に事前に連絡をしたり許諾を得ておく必要がありますか。

A B社に対して，当該著作物につき出版権を設定しているか，独占的に出版を許諾している場合には，一部の利用であってもB社の許諾を得る必要があります。B社との契約が，独占条項のない通常の出版許諾契約であれば，B社の許諾なしに利用可能です。

解　説

まず，前提として，本件のドキュメンタリー小説の著作権が誰に帰属す

るのかを検討します。著作権は，原則として著作物を創作した人のもとに
生じます。例外的に，法人の従業員が職務に関して著作物を創作した場合
等のように，職務著作の要件に該当する場合には法人の元に著作権が発生
することとなりますが（著作権法15条1項），本件では，あなたはB社の
業務に従事するものではありませんし，B社の職務として創作したもので
もありませんから，職務著作には該当しません。したがって，あなたがド
キュメンタリー小説の著作権をB社に譲渡していない限り，あなたがこの
小説の著作権者であり，著作権者として自分の著作物を自由に利用するこ
とも可能なようにも思われます。

　しかし，B社があなたのドキュメンタリー小説を出版する前提として，
あなたとB社との間で出版権設定契約または出版許諾契約が締結されてい
ると考えられます。出版権設定契約においては，出版権者は，出版権の目
的である著作物を原作のまま複製する権利を「専有」する（同法80条1
項）とされており，出版権者が複製権を独占的に有することが条文上明記
されています。また，出版許諾契約の場合でも，契約内容において，当該
著作物を独占的に利用することを許諾するという条件が盛り込まれている
のが一般的です（このような条件のある契約を「独占的出版許諾契約」と
いいます）。これらの契約がある場合，あなたはB社に対して，当該著作
物をB社以外の第三者に複製，頒布等の利用をさせてはならない，という
義務を負っていることとなります。

　したがって，仮にB社との契約が，出版権設定契約か独占的出版許諾契
約である場合には，対象となる著作物の一部であってもこれを第三者に利
用させることは，著作権侵害とはならないものの，B社との契約に違反す
るものであり，あなたはB社に対する著作物をB社以外の第三者に利用さ
せないという債務に違反したものとして，債務不履行責任を負うこととな
ります。

　よって，このような場合には，自分の著作物であり，自ら著作権を有していているとしても，B社以外の第三者に利用させ，または自ら利用するためには，B社の許諾を得なければなりません。他方，仮に，B社との契約が，独占的許諾ではない通常の出版許諾契約である場合には，B社の許諾は不要です。

　なお，出版権設定契約，独占的出版許諾契約いずれの場合においても，著作権はあなたのもとにありますので，B社との契約期間が満了した後であれば，あなたが自由に利用することが可能となります。

　また，C社から出版する予定の書籍における利用が引用に該当する場合にも，許諾は不要となります。引用として利用するためには，公表された著作物であること，および出所明示に加え，引用の目的上正当な範囲内であり，かつ公正な慣行に合致していることが必要となります。そして，引用の目的上正当な範囲内であり，かつ公正な慣行に合致しているかの判断に際しては，他人の著作物を利用する側の利用の目的のほか，その方法や態様，利用される著作物の種類や性質，当該著作物の著作権者に及ぼす影響の有無・程度などが総合考慮されることとなります。したがって，C社から出版予定の著作物の中での利用が，利用目的や利用態様，利用する量等の観点から引用の目的上正当な範囲内であり，かつ公正な慣行に合致した利用であるといえる場合には，B社との独占的出版契約の期間中であり，かつB社の許諾がなくても，引用として利用することができることとなります。

〔近藤美智子〕

第6章

パブリシティ権

雑誌のグラビアで使ったアイドルの写真でカレンダーを作って販売する企画はどうですか？

いいんじゃないか。ちゃんと写真家とアイドルの許諾はとるんだろうな。

え!?　アイドルも許諾が必要ですか？
うちの雑誌に載った写真ですよ。

使用目的が違うだろ。カレンダーは完全に商品だ。雑誌に使ったアイドルの写真でも、それを商品に使うのはアイドルで商品に付加価値をつけているんだから、そこには権利が働くことになる。これをパブリシティ権という。

そうなんですか。じゃあ、アイドルのスキャンダル写真はどうなんですか？　許諾とってないけど、その記事で週刊誌が売れますよね。

その写真は、新聞や週刊誌の報道に伴って利用されるもので、報道への利用はパブリシティ権の利用ではないんだ。

じゃあ報道目的っぽくしたら、
アイドルの写真も使いたい放題…。

どうしてそういうことを考えるのかね。そういう報道にかこつけているだけなら、その実質はパブリシティ権の利用だよ！

でもそこの判断は微妙でしょ。

あのなあ、微妙でも利用は利用だ。その頭をもっとまともなことに使ったらどうなんだ！

パブリシティの権利とは

Q119　他人の肖像や氏名の商業的利用

　写真プロダクションから正当に入手したすでに公表されているタレントの写真を，当社で販売するカレンダーやメモ帳の表紙に使用したいと考えています。タレントの許諾を得る必要はありますか。また，タレントの肖像ではなく，氏名のみを同様に利用する場合は許諾の必要はありますか。

A 許諾を得る必要があります。

解　説

　氏名，肖像の無断使用はタレントのパブリシティ権を侵害します。氏名のみの利用の場合も同様です。

[杉浦尚子]

Q120　法的根拠

　パブリシティ権の法律上の根拠はどのようなものですか。

A パブリシティ権についての具体的な法律上の条文はありません。判例上確立されてきた権利です。

解　説

　仮に有名なタレントの写真や氏名を，誰もが自由に自己の商品のＣＭ，ポスター，パッケージに使え，これによって商品の販売が促進されて利益

をあげられるとしたら，「不合理だ，有名人を保護する必要がある」と感じられる方は多いでしょう。従前，個人の氏名や肖像といったその人固有の情報を他人に無断で利用されない権利は，例えば無許諾で撮影した肖像写真や私的に撮影された肖像写真が雑誌等で報道される場合などに，人格権由来のプライバシー権や肖像権で守られてきました。

　しかし，判例は，上記のように他人の氏名や肖像を商品やCMなどに利用するなど肖像の財産的な価値を無断利用する事案で，個人の人格を象徴する氏名や肖像などの情報に，従来のプライバシー権，肖像権とは別に法的に保護すべき財産的な価値（パブリシティの価値）があることを認めるようになりました。

［杉浦尚子］

Q121　パブリシティ権の定義

パブリシティ権の定義や内容はどのようなものですか。

A パブリシティ権とは，人の氏名，肖像等が他人の関心を引くなどして商品の販売等を促進する力（顧客吸引力といわれます）を持つ場合に，その個人が顧客吸引力を排他的に利用する権利です。

解説

　人の氏名や肖像等は個人の人格を象徴するものなので，人にはそれぞれの人格権に由来して自分の氏名や肖像等を，無断で他人に利用されない権利があります。そのような権利の一内容として，有名人などの氏名や肖像等を商品につけた場合に，人々の関心を引くなど商品の販売等を促進する効力，すなわち顧客吸引力が発揮される場合には，人格権に由来する氏名や肖像等はそれ自体が「商業的価値」を持つようになります。

　このような顧客吸引力を他人に無断利用されることなく，その人自身が排他的に利用する権利がパブリシティ権です（最判平成24年2月2日「ピンク・レディー deダイエット事件」参照）。

［杉浦尚子］

Q122　一般人のパブリシティ権／法人のパブリシティ権

　著名人でない一般の人や会社などの法人のパブリシティ権侵害が問題になることはありますか。

A 一般の人のパブリシティ権が問題になることはあります。法人にはパブリシティ権は発生しないので，パブリシティ権侵害の問題は生じません。

解　説

　一般の人であってもその人の氏名や肖像が顧客吸引力を持つ場合には，パブリシティ権に対する侵害が生じることもあります。

　他方パブリシティ権は，人格権に由来して自然人の氏名や肖像等を無断で他人に利用されない権利ですので，法人には権利が生じません。

［杉浦尚子］

Q123　物のパブリシティ権

　人ではない場合，つまり有名な「物」の名称にパブリシティ権は認められますか。

A 認められません。

解　説

　競走馬の名前や性別，産種やレースの際に示す特性等をゲームソフトに使用するゲームの違法性が争われた事件で，最高裁判所は次のように馬名等のパブリシティ権を否定しました。

> 　競走馬の名称等が顧客吸引力を有するとしても，物の無体物としての面の利用の一態様である競走馬の名称等の使用につき法令等の根拠もなく競走馬の所有者に対し，排他的な使用権等を認めることは相当ではなく，また，競走馬の名称等の無断利用行為に関する不法行為の成否については，違法とされる行為の範囲，態様等が法令等により明確になっているとはいえない現時点において，これを肯定することはできないものというべきである。（最判平成16年 2 月13日「ギャロップレーサー事件」）

[杉浦尚子]

Q124　パブリシティ権侵害の要件

パブリシティ権侵害の要件はどのようなものですか。

A　「専ら肖像等の有する顧客吸引力の利用を目的とするといえる場合」にパブリシティ権侵害が成立します。

解　説

　「ピンク・レディー deダイエット事件」最高裁判決は，この「専ら肖像等の有する顧客吸引力の利用を目的とするといえる場合」として次の①～③の例をあげました。

> ①　肖像等それ自体を独立して鑑賞の対象となる商品等として使用し，
> ②　商品等の差別化を図る目的で肖像等を商品等に付し，
> ③　肖像等を商品等の広告として使用するなど，

　そして，この最高裁判決の「補足意見」*で金築裁判官は，前記①および②についてさらに具体例を次のように示しました。

①の例：ブロマイド，グラビア写真のように，肖像等それ自体を独立して鑑賞の対象となる商品等として使用する場合，

②の例：いわゆるキャラクター商品のように，商品等の差別化を図る目的で肖像等を商品等に付する場合，

　＊「補足意見」とは，合議の裁判体の構成メンバーの一員である裁判官が，多数意見である判決に賛成する立場から，個別に意見を補足して記載するものです。判決そのものではありませんが，判決を理解するのに役立つ場合があります。この最高裁判決の補足意見も，判決が示した「専ら」基準を実際の事例にあてはめるにあたって一定の指針になると考えます（最判平成24年2月2日「ピンク・レディーdeダイエット事件」）。

［杉浦尚子］

Q125　パブリシティ権の法的性質

　パブリシティ権はどのような法的性質を持ちますか。パブリシティ権の法的性質に関する議論とはどのようなものですか。

人格権に由来する権利といわれています。法的性質に関する議論
は以下をご確認ください。

解説

　前記の最高裁判決は，パブリシティ権の法的性質について人格権に由来
する権利であると明示しました。同判決は，「人の氏名，肖像等は，個人
の人格の象徴であるから，人は人格権に由来するものとしてこれをみだり
に利用されない権利を有する」とし，「そして，肖像等は，商品の販売等
を促進する顧客吸引力を有する場合があり，このような顧客吸引力を排他
的に利用する権利（『パブリシティ権』という）は，肖像等それ自体の商
業的価値に基づくものであるから，上記の人格権に由来する権利の一内容
を構成する」と示しました。

　この最高裁判決を解説した「最高裁判所調査官」＊は，「パブリシティ
権は人格権に由来するものであ（―略―）るが，肖像等の有する商業的価
値を抽出，純化し，同価値から生ずる財産的利益を保護するものであるか
ら，このような性質自体は，人格権ないし人格的利益とは区別された経済
財を保護する財産権であるといえる。その意味でパブリシティ権は，母権
たる人格権と『へその緒』でつながってはいるものの，本判決によって財
産的利益を保護する知的財産権として位置付けられることが判例法理上明
らかにされたといえよう。」として，パブリシティ権の法的性質は人格権
に由来する財産権を保護するものとしました。同調査官は，以下の①～④
の学説上の法的性質に関する議論に照らした場合，同判決は②の結論をと
ったと捉えているようです。

　同最高裁判決以前からのパブリシティ権の法的性質に関する議論の概要
は次のとおりです。

① 人の氏名や肖像等その人を象徴する固有の情報に由来することを重視して「人格権」だとする考え

② 人格権に加えて財産権的な側面を持つものだが，氏名や肖像というその人自身を表す固有の情報に由来するので人格的な利益から財産的な側面は独立していないとする考え

③ ②と異なり財産権的側面は人格権的側面から別個独立しているとする考え

④ 氏名や肖像の財産的側面を捉えたものなのだから「財産権」だとする考え

この法的性質の解釈次第で，後に触れるパブリシティ権の保護期間，相続性，譲渡性，さらに人ではなく「物」にパブリシティ権が認められるか，同権に基づく差止請求が認められるかなどの諸問題について，論理必然とまでは言わないまでも，一定の指針が示され得ると考えられています。

＊「最高裁判所調査官」は職業裁判官が務めており，最高裁に係属する事案にまつわる法令，判例，学説の調査を行い，実際に事案を担当する最高裁裁判官に報告をする業務などをしています。最高裁判所調査官による最高裁判例の解説が判決の理解や，その後の実務判断において参考の1つとなることは少なくありません（最判平成24年2月2日「ピンク・レディーdeダイエット事件」の中島基至氏調査官による判決解説は『Law&Technology（以下「L&T」）』56号，『最高裁判所判例解説』65巻5号を参考にしました）。

［杉浦尚子］

Q126　顧客吸引力の利用と無償配布

　パブリシティ権において，他人の肖像等の「顧客吸引力」を利用するというのはどのような場合ですか。当社のサービスの一環として，タレントの肖像を貼り付けた販促物を無償配布した場合も，「顧客吸引力」の利用になりますか。

A　「顧客吸引力」の利用の典型的な例としては，肖像等の商品への利用と，広告宣伝に利用する場合があります。販促物を無償配布する場合も顧客吸引力の利用となり得ます。

解　説

　商品への利用の例としては，カレンダー，ノート，Ｔシャツなどがあります。

　商品自体に対価が発生する必要はありません。

［杉浦尚子］

Q127　パブリシティ権侵害の効果─損害賠償

　他人のパブリシティ権を侵害すると，どのような責任が生じますか。

A　民法の不法行為にあたり，損害賠償の対象となります。

解　説

　損害額の算定には，著作権法114条１項・２項の損害額の推定規定や，同法114条３項の最低限度の損害額を実施料相当額とする規定が類推適用さ

れると言われています（『Ｌ＆Ｔ』56号，『最高裁判所判例解説』65巻5号参照）。

［杉浦尚子］

Q128　パブリシティ権侵害の効果—差止請求権

他人のパブリシティ権侵害をする商品を発売しようとする場合，裁判所がその差止めを認めることはあり得ますか。

A あり得ます。

解　説

　特に，有名人の肖像をカレンダーやノートなどの商品にそのまま利用する場合（つまり，Q130以下とは異なり，他者の表現の自由を考慮する必要がない場合）には，差止めが認められる可能性はあります。

　パブリシティ権の法的性質論と差止めの可否は下記のとおり関連性がありますが，平成24年の「ピンク・レディー de ダイエット事件」最高裁判決によってパブリシティ権は「人格権に由来する」権利であると示されたので，今後は人格権であるパブリシティ権侵害を理由に差止めを求める事件が出てくることが予測されます。

　参考判例として，アイドルの氏名や肖像写真を利用したカレンダーを無断販売した者に対して，損害賠償だけでなく「差止め」を認めた「おニャン子カレンダー事件判決」があります（東京高判平成3年9月16日，東京地判平成2年12月21日）。

　第一審の東京地裁判決は，このカレンダーの販売行為がアイドルの「人格的利益の侵害」であるとして差止めを認めました。続く高裁判決では，地裁判決の「人格的利益の侵害」とする点は誤りだと否定し，一転「財産

的利益の侵害」であるとし，そうであっても「差止め」を認めるとしました。

　一般に人格権侵害の生じる場合には，これを侵害する他人の行為の「差止め」が認められます。他方，財産権侵害の場合には，法律上特別に差止請求権が用意されている場合（例えば，著作権法112条）を除き，他者の権利への制約が大きい「差止め」は認められません。この場合は損害賠償などの事後的な救済をします。

　パブリシティ権は，判例上確立されてきた権利で法律上の条文がないので，"法律上"の差止請求権が用意されているということはありません。したがってその法的性質をいかに捉えるかが，差止請求権の有無の解釈の指針となり得ます。おニャン子カレンダー事件の高裁判決は，一審がパブリシティ権を「人格的利益侵害」としたのは誤りと否定したところまでは明確でしたが，この判決が「財産的利益侵害」であるにもかかわらず差止請求を認めた理由は示しておらず，その理論の詳細は明確ではありませんでした。前記の最高裁判決により人格権由来の権利とされたことで，差止めを求める事件が出てくると思われます（パブリシティ権の法的性質についてQ123参照）。

［杉浦尚子］

Q129　死者のパブリシティ権

　約50年前に亡くなったタレントの氏名と肖像写真を，当社の商品の広告に使用したいと考えています。許諾を得る必要はありますか。必要がある場合には誰の許諾を得ればよいでしょうか。5年前に亡くなったタレントの場合はどうでしょうか。

A 死者のパブリシティ権の保護について判断した日本国内の判例は なく，また，パブリシティ権については制定法もないので，死者 のパブリシティ権の扱いについて明確な判断の指針はありません。 ただ，5年前に亡くなったタレントの場合には，まだまだ関係者が 多く残っていると考えられ，争いを呼び込むのを避けるという目 的で，タレントのプロダクションや，遺族，ＸＸ財団などの死後 の肖像等の管理団体などに連絡をされるとよいと考えます。50年 前に亡くなったタレントについては，肖像等の管理状況，利用状 況等を確認し，必要に応じて許諾を得ることを検討されてはどう かと考えます。

解　説

　パブリシティ権は人の氏名，肖像に基づく人格権に由来することから， その人の死によって権利が消滅するとも考えられます。他方で顧客吸引力 はその人の死亡によりゼロとなったり縮減するとは限らず，却って亡くな ったこと自体や死後○○周年として顧客吸引力が増すこともあります。ま た，死後に改めて功績が見直されるなどで顧客吸引力が上がり，財産的価 値が残存する場合も考えられ，難しい問題です。

　学説上は，死者のパブリシティ権の利用は，パブリシティ権の「保護期 間」や「相続性」の問題として議論されています。

　「保護期間」については，保護期間を定めず永続的に保護しようとする 説，著作権の保護期間とあわせてタレントの死後50～70年間とする説，30 年間や，10年間の保護期間とする説など諸説があります。「相続性」につい ては，法律上の明文がない以上相続性はないとする説もありますし，反対 に相続性あり，とする学説もあります。ちなみに，パブリシティ権の発祥 の国アメリカでは，パブリシティ権が州法で制定されている州もあり，そ

の多くは期間の長短はあれパブリシティ権の保護期間を制定しています。また，相続性有りと制定する州法もあります。

　これら諸説の対立は，Q125で触れたパブリシティ権の法的性質論に関係します。あえて大まかに言うと，パブリシティ権は，①人格権であるとか，②人格的利益と切り離せない財産権であるとすると，死後の保護はしないという結論になじみやすくなります。「保護期間」については，死後は全く保護しないか，保護をしても死後長期的な保護はせず，また「相続性」も認めないという方向性に傾きやすいと言えます。

　他方，③財産権でありパブリシティの価値の財産的側面のみを独立させることも可能とする説や，④財産権であるとする説では，死後も「顧客吸引力」という財産的価値が残っている限り保護を認めるという方向性になじみやすくなります。この場合死後の「保護期間」は需要のある限り無限か，あるいは長期化し，「相続性」も認める，という方向性に傾きやすいと言われています。

　前記の「ピンク・レディーdeダイエット事件」最高裁判決で，パブリシティ権は「人格権に由来する」権利であると示されました。とはいえこれによって，パブリシティ権の相続性が今後一切否定されると予測することはできません。同判決を解説した最高裁判所調査官は，パブリシティ権の譲渡性や相続性の議論については，「人格権に関する理論の展開と社会的必要性の変化を踏まえた今後の議論の発展に委ねられている」とし，また，著作権法60条の著作者の死後における人格的利益保護の規定が，死後のパブリシティ権の保護を図る方法として参考となる可能性を示唆しています（Q125参照，『Ｌ＆Ｔ』56号，『最高裁判所判例解説』65巻5号）。

［杉浦尚子］

第Ⅱ節

パブリシティ権と出版物などの表現物

Q130 パブリシティ権と表現の自由

新聞や雑誌，書籍でタレントの氏名や肖像を使用する場合と，商品の宣伝に使用する場合とで，違いはありますか。

A 違いはあります。

解説

タレントの肖像等を商品や広告に利用する場合と異なり，報道や書籍などで肖像等を利用する場合は，報道，出版する側の表現の自由への配慮が必要となります。

「ピンク・レディー de ダイエット事件」最高裁判決では，「肖像等に顧客吸引力を有する者は，社会の耳目を集めるなどして，その肖像等を時事報道，論説，創作物等に使用されることもあるのであって，その使用を正当な表現行為等として受忍すべき場合もある」と示しました（最判平成24年2月2日「ピンク・レディー de ダイエット事件」）。　　　　　　［杉浦尚子］

Q131 表現の自由と対立する場面でのパブリシティ権の保護基準

著名人の肖像写真や氏名を掲載した報道や書籍発行者側の表現の自由を配慮するとしても，どのように配慮するのですか。何か基準はありますか。

A 判例による基準があります。

解　説

　前記の「ピンク・レディー de ダイエット事件」では，初めて最高裁判所による基準が示されました。同判決では，他人の氏名や肖像を無断で使用する行為は，「専ら肖像等の有する顧客吸引力の利用を目的とするといえる場合」にパブリシティ権を侵害する，として，下記の①～③の例をあげます。

> ①肖像等それ自体を独立して鑑賞の対象となる商品等として使用し，
> ②商品等の差別化を図る目的で肖像等を商品等に付し，
> ③肖像等を商品等の広告として使用するなど，

　そして，この最高裁判決の「補足意見」では，上記①および②についてさらに具体例を次のように記載します。

①の例：ブロマイド，グラビア写真のように，肖像等それ自体を独立して鑑賞の対象となる商品等として使用する場合，

②の例：いわゆるキャラクター商品のように，商品等の差別化を図る目的で肖像等を商品等に付する場合

　「補足意見」では判決理由の①～③の類型は従前の下級審におけるパブリシティ権侵害認定事案の大部分をカバーすること，①～③以外でもこれらに準じる程度に顧客吸引力を利用する目的が認められる場合に限定してパブリシティ権侵害を認めることで侵害の範囲が明確になる，としました。

［杉浦尚子］

Q132 「専ら」基準の採用の背景

表現の自由とパブリシティ権の対立する場面「ピンク・レディーdeダイエット事件」の最高裁判決が，パブリシティ権侵害の成立要件として「専ら（他人の）肖像等の有する顧客吸引力の利用を目的とするといえる場合」という基準を採用した背景にはどのような価値判断があるのですか。

A 同判決は，表現の自由への萎縮的効果が生じるのを懸念し，パブリシティ権侵害の成立する場合をより明確にしようとし，かつ侵害成立をより限定的に捉えた「専ら」基準を侵害の成立要件として採用しました。

解 説

ある権利と表現の自由とが対立する場面で，互いの権利の利益衡量（それぞれの利益の保護の必要性の軽重を比較する）をするという手法もありえますが，同判決ではこの手法はとらず，あくまでパブリシティ権侵害の成立要件をどう定立するかとして議論しました。

また，本設問の最高裁判決以前は，パブリシティ権侵害の成立の基準は諸説分かれ，あえて大別すると次の2つの説がありました。前者はより厳しく，後者はより緩やかにパブリシティ権の侵害の成立を認めるとされていましたが，同判決ではより厳しい前者の立場をとりました。

・「専ら」説：専ら肖像等の有する顧客吸引力の利用を目的とするといえる場合に侵害ありとする基準

・「総合衡量」説：著名人の氏名・肖像を使用する目的，方法，態様，肖像写真についてはその入手方法，著名人の属性，その著名

性の程度，当該著名人の自らの氏名・肖像に対する使用・管理の態様等を総合的に観察して判断する基準（例：知財高判平成21年8月27日「ピンク・レディー de ダイエット事件」等）

　顧客吸引力を有する著名人は社会の関心の的となり得る存在で，その人物像や活動内容等の紹介，報道，論評等などをする者の表現の自由との対立が生じやすいと言えます。パブリシティ権は制定法に基づかない権利ですし，人格権に由来するとはいえパブリシティ権の侵害による損害は経済的なものなので，表現の自由の保護がより優先されます。表現の自由の保護を実現する際には，表現をしようとする者がパブリシティ権侵害になることを過度に警戒するなどの，表現行為の萎縮的効果が生じるのを避ける必要があります。

　表現の自由とパブリシティ権の利益衡量を行うのではなくパブリシティ権の侵害の成立要件とし，かつ，侵害成立の基準をより侵害成立場面を限定的に捉える「専ら」基準とした最高裁判例は，表現行為の萎縮的効果を可能な限り避ける価値判断を示したと考えます。

(最判平成24年2月2日「ピンク・レディー de ダイエット事件」)。

[杉浦尚子]

Q133 「専ら」の意味

　最高裁判例が示したパブリシティ権の侵害の基準「専ら他人の肖像
等の有する顧客吸引力の利用を目的とする場合」の「専ら」とは，ど
のような意味ですか。顧客吸引力の利用をしてはいるが，それ以外の
目的も多少はある，という場合は，「専ら」にあたりますか。

A 「専ら」にあたる可能性はあります。

解　説

　ここでの「専ら」は，"100%"とか，"全て"という意味ではなく，
「mainly」＝主にという意味を含み得るものとされています（最判平成24
年2月2日「ピンク・レディー de ダイエット事件」の金築裁判官の補足
意見，『L＆T』56号，『最高裁判所判例解説』65巻5号）。

［杉浦尚子］

Q134 写真入りダイエット特集記事

「ピンク・レディー de ダイエット事件」の対象となった出版物はどの
ようなものだったのですか。また，最高裁判決では，Q132, 133の「専
ら」というパブリシティ権侵害の成立基準をどのように，この雑誌に
あてはめたのですか。

A この事件の対象となったのは，約200頁の女性用週刊誌内の特集記
事「踊って脂肪を燃焼『ピンク・レディー de ダイエット』」（全3
頁）でした。基準のあてはめについては，下記をご確認ください。

解 説

　この特集記事では，ピンク・レディーの２人の白黒写真（合計14枚）が使用されていました。週刊誌全体の頁数は約200頁，週刊誌自体のサイズは縦26cm，横21cmで，ピンク・レディーを被写体とする写真は，縦横①4.8×6.7cm，②５×7.5cm，③８×10cm（最大サイズの写真），④７×4.4cm，⑤2.8×3.6cm〜9.1×5.5cm（計７枚）等でした。ピンク・レディーの写真部分以外の紙面は，写真にあるピンク・レディーの踊りを解説する記事や，振付解説者の小学校時代のピンク・レディーの思い出，解説者自身を被写体とする写真などでした。

　最高裁判決は，同記事はピンク・レディーの振付けを利用したダイエット法を解説するもので，記事の内容を補足する目的でピンク・レディーの写真が使用されたものであり，「専ら肖像の有する顧客吸引力の利用を目的とするものとはいえない」としました。

　なお，この判決の補足意見で金築裁判官は，「専ら」基準について，「写真の大きさ，取り扱われ方等と，記事の内容等を比較検討し，記事と関連性のない場合，又は記事と関連性があったとしても，実質的には，記事は『添え物』で独立した意義を認め難いようなものであったり，記事と関連なく写真が大きく扱われていたりする場合には，『専ら』といってよい」としました。そして最高裁調査官は，この金築裁判官の説明は，最高裁判決が「専ら…」の例として示す「①肖像等それ自体を独立して鑑賞の対象となる商品等として使用し」に関するものであるとして，これを「独立性の要件」として解説しました（最判平成24年２月２日「ピンク・レディーdeダイエット事件」，「補足意見」はQ124参照，「最高裁判所調査官」はQ125参照」）。

参考

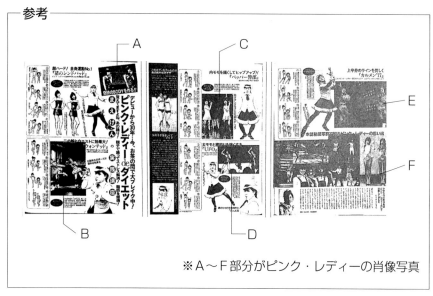

※A～F部分がピンク・レディーの肖像写真

『女性自身』2月27日号（光文社，2007年）

[杉浦尚子]

Q135 新聞報道

新聞報道でタレントを扱うことは，パブリシティ権侵害となりますか。

A なりません。

解説

　報道内容がタレントに関するニュースであるから報道的価値をもったり，人の注意を引き付けるという側面もあります。

　また，一般には新聞報道も商業活動と言えるので，一見すると他人であ

る著名人の氏名等の「顧客吸引力」の「商業的価値の利用」があり，パブリシティ権侵害にあたりそうです。

　しかし，他人の肖像等の無断利用行為は，Q132のとおり「専ら肖像等の有する顧客吸引力の利用を目的とするといえる場合」にパブリシティ権侵害が成立します。通常は，報道される情報（事件やイベントなど）自体に価値があるので，この「専ら…利用」という要件を満たしません。

［杉浦尚子］

Q136 半生記

タレントの半生記を出版することはパブリシティ権侵害になりますか。

　書籍内容の個別判断によりますが，通常は「専ら肖像等の有する顧客吸引力の利用を目的とするといえる場合」にあたらず，侵害にはなりません。

解　説

　参考判例として，サッカーの中田英寿選手のパブリシティ権等侵害事件があります。この事案では，書籍のカバー表紙に同選手の肖像写真が掲載され，本文にも同選手の学生時代からプロ転向後の写真が合計23枚，計21頁にわたって掲載されていましたが，パブリシティ権侵害の成立は否定されました（東京地判平成12年2月29日）。なお，高裁ではプライバシー権侵害，著作権侵害についてのみ争われ，これらの権利侵害は認容されました（東京高判平成12年12月25日「中田英寿事件」）。仮に「ピンク・レディーdeダイエット事件」最高裁判決で示された「専ら」基準を中田選手の

事件の対象となった出版物にあてはめた場合，掲載された肖像はいずれも記事の内容自体と関連性があり記事が単なる写真の「添え物」とは言えず，著名人の肖像等は独立の鑑賞の対象とはならずに「独立性の要件」ひいては「専ら」基準を満たさず，パブリシティ権侵害は成立しないと考えられます（Q124，133，134参照）。

［杉浦尚子］

Q137 バンドの活動記録

バンドメンバーの肖像写真を含むバンドの活動記録を出版することはパブリシティ権侵害になりますか。

A 書籍内容の個別判断によりますが，通常は「専ら肖像等の有する顧客吸引力の利用を目的とするといえる場合」にあたらず，侵害にはなりません。

解説

参考判例として，著名な英国のロックグループ，「キング・クリムゾン」の中心メンバーが原告となり，同バンドのデビュー以後の活動歴をまとめた書籍に原告の肖像や氏名，バンドの名称やアルバムジャケットが使用されたことを理由にパブリシティ権侵害を主張した事件があります。

この書籍のタイトルは『キング・クリムゾン』（「地球音楽ライブラリー」シリーズの内の1冊）で，全182頁の書籍において，レコードジャケット写真187枚（ただし，メンバーの肖像ではないイラスト等のレコードジャケットの写真が大半），原告や原告を含むメンバーの肖像写真5枚が使用されました。カラーの写真やカラーのジャケット写真も多用され，視

覚的にも凝った書籍でした。一方のテキストも，時代背景を踏まえたアル
バムの収録曲の説明，メンバー交代の事情やバンドの活動の軌跡などにつ
いて，充実した内容を展開していました。

　一審判決ではパブリシティ権侵害が認容されましたが，高裁では逆転し
ました。高裁判決は，「本件書籍は他のミュージシャンの作品紹介書と比
較して肖像写真やジャケット写真の占める比重は大きいが，―略―　写真
を多用したからといって直ちにパブリシティ価値の利用を目的としている
と断定することは出来ないから，多用する目的やジャケット写真以外の記
述部分の内容等を全体的かつ客観的に観察して，これが専らパブリシティ
価値に着目しその利用を目的としている行為といえるか否かを判断すべ
き」とし，同書籍はこれに該当しないとしました。実は本件で当虎ノ門総
合法律事務所は被告出版社側の代理人を務めました。図らずも同事件は，
近年の「ピンク・レディー de ダイエット事件」最高裁判決で採用された
「専ら説」の嚆矢になった感もあり，当時の手探りでの関係者の主張のや
りとりを想い起こし感慨深いものがあります（「キング・クリムゾン事件」
東京高判平成11年 2 月24日，最高裁平成12年11月 9 日上告棄却決定で確
定）。

　前設問と同様に仮に「ピンク・レディー de ダイエット事件」の「専ら」
基準をキング・クリムゾン事件にあてはめた場合，同書籍にはバンドの活
動内容の説明と共にメンバーの肖像が掲載されており，記事は単なる肖像
写真の「添え物」とは言えず「独立性」の要件を満たさず，ひいては「専
ら」基準にあたらず，パブリシティ権侵害は成立しないと考えます
（Q124，133，134参照）。

参考

表紙 　　　本文1

本文2　　　本文3　　　本文4

地球音楽ライブラリー『キング・クリムゾン』（TOKYO FM出版，1995年10月20日）

［杉浦尚子］

Q138 隠し撮り写真集

　タレントの私生活を隠し撮りした写真集は，プライバシー権，肖像権侵害のほかにパブリシティ権侵害になりますか。

A 書籍内容の個別判断となります。仮に写真出版物という形態をとっていても，記事が「添え物」にすぎず，グラビア写真集や肖像写真によるカレンダーとさして変わらずに，独立の鑑賞の対象となるような場合には，パブリシティ権侵害が成立することがあります。

　解　説

　参考判例として「ブブカスペシャル7事件」という芸能人やアイドルのスクープ写真を集めた雑誌に関して，複数のアイドル等がパブリシティ権侵害を主張した事件があります。

　同雑誌では，芸能人の学生服姿や私服姿等を写すオフの写真を掲載したり（例①②），「お宝発掘写真館」という表題等の下に知名度が低かった当時の芸能人の写真を掲載したり（例③④⑤），「ストーカーズハイ」という表題の下に芸能人の肖像や，実家，最寄駅，学校等のゆかりの場所の写真とこれに対する説明を加えながら実家を探し出す文章を掲載していました（例⑥）。

　写真に対する文章は，例えばアイドルの私服姿（ミニスカート）の隠し撮り写真に対して，「どうしても足に目が行くね。顔が小さいから余計スタイルがよく見える。」とか（例①符号50），携帯電話で話しているときの隠し撮り写真に対して，「遠くを見つめて，微笑んでいる。何を思い出しているんだろう。大事な約束をした事とか？」（例②），知名度が低いころの写真であることや水着が透けていることを指摘するなど性的興味をそそるような文章を記載するものでした（例③④⑤符号6，75）。また，「アイドル腋－1グランプリ」という表題の下で，アイドルの腋の下の処理具合の優劣に順位をつけて，各芸能人の腋の下を写した写真とその見え方を紹介した文章も掲載されていました（例⑦）。

この事件の第一審判決は「専ら」基準をとり，限定的にではありますが，
一部の肖像写真の利用についてパブリシティ権侵害の成立を認めました。
高裁判決では一審よりも緩やかにパブリシティ権侵害の成立を認め，一審
では侵害が否定された肖像写真等にもパブリシティ権侵害の成立を認めま
した。

　「ピンク・レディー deダイエット事件」最高裁判決を最高裁判所調査官
の中島氏が解説した文献で同調査官は，仮に同裁判所判例が示したパブリ
シティ権侵害の成立基準「専ら肖像等の有する顧客吸引力の利用を目的と
するといえる場合」を，「ブブカスペシャル7事件」の該当部分にあては
めた場合は，記事が「添え物」であるとはいえず「独立性の要件」を欠き，
ひいては「専ら」基準を満たさずにパブリシティ権は不成立となる，とい
う考えを示しています。
　（Q124，133，134参照，「ブブカスペシャル7事件」東京地判平成16年7
月14日，東京高判平成18年4月26日，最高裁平成20年10月15日出版社側の
上告棄却判決で確定）。

┌─ 参考 ─────────────────────────────────

○：パブリシティ権侵害の成立が認められた写真等

×：パブリシティ権侵害の成立が否定された写真等

例①

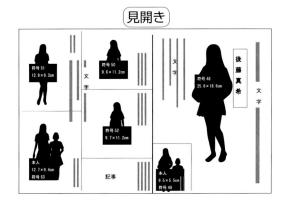

地裁：○

「符号48〜53の写真は，原告後藤の私服で休暇中の姿を紹介する記事の一部に使用する形式は採っているものの，文章部分は極めて少なく，25.6cm×18.6cmの大きさの符号48の写真を中心に6枚の写真を見開き2頁のほぼ全面に掲載しているものであるから，同写真の使用の態様は，モデル料等が通常支払われるべき週刊誌等におけるグラビア写真としての利用に比肩すべき程度に達しているものといわざるを得ない」

高裁：○

地裁類似の判断

例②

「ブブカスペシャル7」株式会社コアマガジン（平成14年6月）

地裁：○

「コメントは付されているが，いずれも短いものである」「写真につい
てのコメントのほか，ドラマへの出演や映画で出演が決定した旨が記
載されているが，文章部分の占める大きさは，1頁の15%程度である」
「符号70～74の写真は，原告深田の通学中の姿を紹介する記事の一部に
使用する形式を採ってはいるものの，文章部分は極めて少なく，
25.6cm×20.9cmの大きさの符号70の写真を中心に5枚の写真を見開
き2頁のほぼ全面に掲載しているのであるから，写真の使用の態様は，
モデル料等が通常支払われるべき週刊誌等におけるグラビア写真とし
ての利用に比肩すべき程度に達しているものといわざるを得ない」

高裁：○

　地裁類似の判断

地裁：×　高裁：○　　地裁：×　高裁：○　　地裁：×　高裁：○

地裁「符号6，及び75〜77の写真は，全体として，現在は大変な売れっ
　　子となった原告藤原の売出し中の活動歴を紹介する記事の一部と
　　なっているものであるから，前記本件雑誌の構成や符号6及び75
　　の写真が大きいものであることを考慮しても，同原告の顧客吸引
　　力に着目し，専らその利用を目的とするものであるとまでは認め
　　られない」

高裁「符号6，75〜77の写真の掲載は，いずれも一審原告藤原の過去の
　　芸能活動の紹介という形式を取っているものの，見出しには『藤
　　原紀香』の文字が大きく記載されており，また，その記述は，読
　　者の性的な関心を呼び起こさせる不当な内容であり，これらの写
　　真の大きさや記述内容からすると，一審被告らは，一審原告藤原
　　の高い顧客吸引力に着目の上本件雑誌販売による利益を得る目的
　　でこれらの写真（肖像等）を利用したものと認められる」

例⑥

見開き

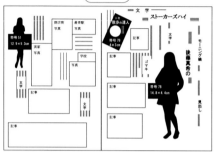

「ストーカーズハイ」と題して原告後藤の実家を探し出す記事。

原告の肖像写真のほか，最寄駅，通学した中学校，商店街，実家の店構え写真も掲載。

地裁：×

本人の写真は「実家を探し出すという文章が主な記事の一部として使用された」ので「専ら」にあたらない。

高裁：○

これらの記事は「芸能活動に関する正当な紹介や批評に該当するとは認められない」　　　　　　　　　　　　　　　（「　」内は判決より）

例⑦　　　見開き

川村17.3×12.5cm　　後藤15×7.3cm

新山7.2×5.8cm　　堀越8.1×7.2cm　　平山10.7×7.3cm

「ブブカスペシャル 7」株式会社コアマガジン

地裁：5 名全て×
「写真はやや品位に欠ける面があるとしても，女性アイドルの腋の下の
　美しさについて論評する記事の一部を成しており，枚数及び大きさも，
　その記事に必要な範囲を超えるものではない」
高裁：5 名全て○
「芸能活動の本来の部分についての論評ではない」「読者の性的な関心
　を呼び起こす不当な方法」「表現の自由の名の下に，（略）品位に欠け
　る記事の一部として（略）写真（肖像）が掲載されることを受忍しな
　ければならないいわれは全くない）

［杉浦尚子］

Q139　記事の内容は影響するか

　「ブブカスペシャル 7 事件」で写真に添えられた記事の内容は，前
設問の回答に紹介されているように読者の性的な関心を呼び起こさせ
るような下世話な内容を含んでおり，アイドルの活動などに対する正
当な批評ではないようですが，記事の内容によってパブリシティ権侵
害の成否に影響を与えますか。

A　記事の内容はパブリシティ権侵害の成否には影響を与えないもの
と考えられています。ただし，プライバシー権など別の権利の侵
害となる可能性はあります。

解　説

　最高裁判所調査官中島氏による「ピンク・レディー de ダイエット事件」最高裁判決を解説記事では，最高裁の示した「専ら」基準その例示①〜③の内の①「肖像等それ自体を独立して鑑賞の対象となる商品として使用しているか」を検討する際には，記事の内容等が時事的なものか否か，娯楽的なものか否かは結論を左右する事情とはならない，としています。同調査官はこれらはプライバシー権，名誉棄損などで考慮すべき事柄としました。

　この点について同最高裁判決以前に示された「ブブカスペシャル7事件」の地裁判決と高裁判決では，判断は分かれていました。

　すなわち，地裁判決は，パブリシティ権侵害の成否の判断にあたっては文章の内容についてはさほど触れずに，むしろ文章の内容についてはプライバシー権など別の権利の侵害の判断領域として切り分ける態度でしたが，高裁判決は，無断で芸能人の肖像等を利用する場合には，芸能人の固有の名声，社会的評価等を「汚す」（無許諾で芸能人の肖像等を利用する場合には許諾を得て商品化する場合等とは異なり，猥褻，下品なものとなりがちである）ことがあり，これがイメージの低下などその後の芸能活動への不利益を及ぼすこともあり得，その被害は名誉棄損やプライバシー権侵害の賠償では填補が不可能ないし不十分となることもあり得るとし，例えば若手芸能人について，芸能活動の内容面（演技，歌唱力などの芸能の本来的部分）よりも芸能人の姿態等の外面に記述の中心が向けられ，芸能活動に対する正当な批判，批評の紹介の枠にとどまらなくなったり，芸能人のプライバシーに関わることまでも芸能活動に関連するとしてそのすべてに批評や紹介が及ぶことになったりしかねず，また，読者の性的関心に訴えるような紹介方法がとられるなど，その芸能人のキャラクターイメージを毀損し，汚すような逸脱も生じかねず，「これらの事態が表現の自由とし

てであれ許されるべくもないことは明らかというべきである」として，文章の内容が「芸能活動の本来の部分についての論評かどうか」や，芸能人の名声等を「汚す」ものか否かという点もパブリシティ権侵害を肯定する事情として考慮していました。

　今後は，冒頭に記載した最高裁判決の解説に基づく解釈が主流になるものと考えられます（「ブブカスペシャル7事件」東京地判平成16年7月14日，東京高判平成18年4月26日，最高裁平成20年10月15日出版社側の上告棄却判決で確定，『L&T』56号，『最高裁判所判例解説』65巻5号参照）。

[杉浦尚子]

Q140　最高裁判決の「専ら」基準の第1類型と第2類型の関係

　著名人の肖像写真を，女性週刊誌などの雑誌中の特集数ページのみに使用した場合とその著名人に関する1冊の書籍内で使用した場合で，パブリシティ権侵害の成立の判断の方法は変わりますか。

A 変わる可能性があります。

解説

　Q131に記載したように，「ピンク・レディーdeダイエット事件」最高裁判決は，パブリシティ権侵害の成立要件として「専ら肖像等の有する顧客吸引力の利用を目的とするといえる場合」と，下記の①〜③の例をあげました。

　①　肖像等それ自体を独立して鑑賞の対象となる商品等として使用し，
　②　商品等の差別化を図る目的で肖像等を商品等に付し，
　③　肖像等を商品等の広告として使用するなど，

そして，この最高裁判決の「補足意見」で金築裁判官は，前記①および②についてさらに具体例を次のように示しました。

①の例：ブロマイド，グラビア写真のように，肖像等それ自体を独立して鑑賞の対象となる商品等として使用する場合，

②の例：いわゆるキャラクター商品のように，商品等の差別化を図る目的で肖像等を商品等に付する場合，

上記の①（第1類型と呼ばれます）では，女性週刊誌などの雑誌内，あるいは著名人に関する書籍内の「肖像それ自体」の鑑賞性に着目し，これがグラビア等に匹敵するような，独立して鑑賞の対象となる商品等として使用されているかの検討をします。

他方②（第2類型と呼ばれます）では，1冊の女性週刊誌全体や，著名人に関する1冊の書籍そのものをキャラクター本のように捉え，これを「商品等」と捉えて，この"商品等"の差別化を図る目的で肖像等が付されているか，を検討します。

パブリシティ権侵害を訴える側は，実際の出版物での肖像等の利用のされ方や出版物の形態等を検討した上で，第1類型，第2類型のいずれか一方に沿ったパブリシティ権侵害の主張をするか，あるいは両方の類型での侵害の主張をするかを検討し，これに合わせた侵害の主張をし，裁判所等の判断を求めることとなります（**Q124参照**，『**最高裁判所判例解説**』65巻5号）。

[杉浦尚子]

Q141　個人のファンサイト等での肖像の利用

インターネット上の個人のファンサイトや個人のブログに著名人の肖像写真を多数載せた場合は，パブリシティ権の侵害になりますか。

A 写真の利用状況やファンサイトの内容次第で，パブリシティ権侵害が成立することもあり得ます。

解　説

「ピンク・レディー de ダイエット事件」最高裁判決では，パブリシティ権侵害の成立要件として「専ら肖像等の有する顧客吸引力の利用を目的とするといえる場合」として次の①～③の例をあげました。

① 肖像等それ自体を独立して鑑賞の対象となる商品等として使用し，

② 商品等の差別化を図る目的で肖像等を商品等に付し，

③ 肖像等を商品等の広告として使用するなど，（下線は筆者）

同判決を解説した最高裁判所調査官中島氏は，ファンサイトは「商品等」でなく③の類型には該当しないとしました。他方でこの最高裁判例は①～③「など」として，専ら基準を満たす場合が①～③の例示に限られないことを示しており，今後「インターネット上の利用が広く普及してファンサイト等に掲載された写真が多数にのぼりこれをブロマイド等として利用する実態が社会的にも認められるのであれば，ファンサイト等の内容と関連性が低い肖像写真が極めて多数にのぼり，肖像写真をブロマイド等として販売する本人等の営業上の利益が現に害されるような場合には，」上記①～③の類型と違法性において同一でありパブリシティ権侵害を構成するという解釈も成り立ちうると思われる，と解説しました（「最高裁判所

調査官」についてはQ125参照，『L&T』56号，『最高裁判所判例解説』65
巻5号参照)。

［杉浦尚子］

Q142　他者への譲渡・利用許諾

　パブリシティ権は他者に譲渡できますか。また，他者に対して利用
許諾契約をすることはできますか。

A　譲渡が可能かについては明確な回答はなく今後の動向次第です。
　他者への利用許諾をすることはできます。

解　説

　Q129のパブリシティ権の相続性の議論と同様に，譲渡性についてはパ
ブリシティ権の法的性質に関連付けられますので，この点については
Q125をご参照ください。

　前記の「ピンク・レディーdeダイエット事件」最高裁判決でパブリシ
ティ権の法的性質は「人格権に由来する」権利であると示されましたので，
どちらかといえばパブリシティ権は一身専属的なものとして他者にこれを
帰属させる譲渡性は認められにくくなります。とはいえこれによって，パ
ブリシティ権の譲渡性が今後一切否定されると予測することはできません。

　最高裁判所調査官の中島氏は，パブリシティ権について，「その権利の
源泉をたどれば人格の尊厳に行きつくが，その権利の本質は顧客吸引力と
いう商業的価値にあり，同価値から生ずる財産的利益を保護するためのも
ので―略―パブリシティ権をめぐる様々な論点を検討するにあたっては，
本判決が説示するところを踏まえ，パブリシティ権が人格的利益とは区別

された財産的利益を保護するものであることを議論の出発点とすることが，何よりも重要となるであろう」としています。また，譲渡性や相続性の議論については，「人格権に関する理論の展開と社会的必要性の変化を踏まえた今後の議論の発展に委ねられている」としています。

　パブリシティ権の利用許諾契約については，その実体は，差止請求権，損害賠償請求権等の権利を行使しない旨の不行使特約と考えることができ，利用許諾の対象とすること自体は有効と考えられます（「最高裁判所調査官」についてはQ125を参照，『L＆T』56号，『最高裁判所判例解説』65巻5号参照）。

［杉浦尚子］

第7章

肖像権

令和2年の著作権法改正で写り込みの範囲が益々広くなったと聞きましたよ。

お，勉強してるな。第30条の2の範囲が広がって，議論になっていた「子どもの抱っこするぬいぐるみ」の写真撮影も写り込みで適法になったと言われているな。

そうなんですね。これで安心して僕の赤ちゃんの抱っこ写真も撮れるようになります。よかった，よかった。

……あのなあ，元々お前の赤ちゃんは著作物じゃないんだから著作権は関係ないだろ！！

あ，そうなんですね。でもそうすると他の人が勝手に僕の赤ちゃんの写真を撮ってきそうで怖いんですけど。とても可愛いので。

親ばかだね。そういう心配もひっくるめて一度肖像権を勉強しなさい。

Q143 　他人の肖像の利用

個人の居宅内における姿を雑誌に載せる行為は，どのような権利の侵害になりますか。

A 肖像権やプライバシー権の侵害になります。

解　説

　肖像権とは，自己の肖像（容貌・姿態等）をみだりに他人に撮影され，これを公表されない権利を言います。人の肖像は個人の人格を象徴するものであり，人にはそれぞれの人格に由来して，自己の肖像を，無断で人に利用されない権利があるのです。

　肖像権については，これを定める具体的な法律こそありませんが，人格権に由来する権利として，判例上，独立した権利性を認められています。「みだりに」という部分は少しわかりづらいですが，要は「勝手に」という意味です。肖像権侵害となる場合の要件については別途Q145を参照してください。

　なお，肖像権は個人の肖像を人格的な側面から捉えたものですが，例えば，芸能人等の肖像には財産的な価値も生じます。このような財産的な側面から肖像を捉えたものとしては，パブリシティ権があります。肖像権とパブリシティ権の違いはQ121を参照してください。

　また，本問のように個人の居宅内の姿を写す行為は別途プライバシー権侵害にもなります。

［宮澤真志］

Q144　肖像権侵害に伴う責任

他人の肖像権を侵害した場合，どのような責任が生じますか。

A 損害賠償責任等が生じることがあります。

解　説

　他人の肖像権を侵害した場合，侵害者は，被害者から損害賠償請求を受けたり，差止請求を受けたりすることがあります。

［宮澤真志］

Q145　肖像権侵害の要件

肖像権侵害として違法となるための要件はどのようなものですか。

A 肖像の撮影ないし公表により，撮影される人の被る精神的苦痛が，社会通念上受忍すべき限度を超えることをいいます。

解　説

1　肖像権侵害により違法と評価されるのは，被撮影者の被る精神的苦痛が，社会通念上受忍すべき限度を超える場合に限られます。「社会通念上受忍すべき限度」というのは，「普通は我慢すべきと考えられる程度」くらいに考えてください。要するに，「普通は我慢すべきだろう」というラインを超えて初めて，肖像権侵害としての違法性が認められるのです。

2　具体的事例として参考になるのは，「法廷内写真撮影事件判決」（最判

平成17年11月10日）です。この事例では，写真週刊誌のカメラマンによる法廷内での被告人の容貌姿態を隠し撮りした撮影について，肖像権侵害が認められました。この判決では，写真撮影ないし公表が社会通念上の受忍限度を超えるかという点について，以下のような事情を総合して考慮すべきとされました。肖像権侵害の有無を判断する際に参考にするとよいでしょう。

① 撮影される人の社会的地位
② 撮影される人の活動内容
③ 撮影の場所
④ 撮影の目的
⑤ 撮影の態様
⑥ 撮影の必要性

［宮澤真志］

Q146 写りこみ写真

公園においてスナップ写真を撮る際に，もし他人が写り込んでいたら，肖像権侵害になりますか。

A なりません。

解説

1 公園などいろいろな人が出入りする場では，そこにいる姿を不特定多数の人に見られることが想定されています。また，写真に写りこんでいる程度であれば，アップで顔を写されるといった心配はありません。したがって，そのような姿を撮影されても，普通の人にとって，耐えがた

い苦痛が生じるとまではいえません。そのため，ほとんどの場合は，肖像権侵害とならないでしょう。

2 ただし，撮影した写真の掲載方法によっては，その写真を公表する行為が肖像権侵害となる場合があります。公園で撮った写真とは異なりますが，例えば，ある上場企業がソープランドを買収したとの事実が報道される際に，その企業の代表者の写真が，ソープランド内の女性の全裸写真と並べて掲載された事件について，肖像権侵害を認めた判例があります（東京地判平成15年7月15日）。この場合は，写真の公表行為が，普通の人にとって耐え難い苦痛を生じさせるものであったということになります。

3 本問の場合でも，写りこんだ顔を切り取って拡大し，普通の人に耐えがたい苦痛を生じさせる態様により公表するなどしたときには，公表行為が別途肖像権侵害を構成する可能性があります。

［宮澤真志］

第8章

平成30年・令和2年 「改正著作権法」の概要

平成30年改正の勉強がやっと終わりました。

 ご苦労さん。じゃあ次は令和2年改正だな。

ええーっ！　疲れたのでしばらく勉強は休みたいんですが。

 甘えたこと言ってるんじゃない！　著作権法は毎年のように改正されるんだから常に勉強が必要なの！

著作権法がない世界に行きたい…。

 そんな世界では出版社も存在できないだろ！　文化庁が毎回HPでわかりやすく改正についてまとめてくれるから，昔よりは大分恵まれてるんだぞ。

Q147 どの分野が改正されたのか

平成30年の著作権法改正では，どのような改正が行われたのですか。

A 以下のとおり，著作権制限規定の新設や整理を中心とする改正が行われました。

解 説

1 著作権制限規定に関する改正

① デジタル化・ネットワーク化の進展に対応した柔軟な権利制限規定の整備（著作権法30条の4，47条の4，47条の5関係）

② 教育の情報化に対応した権利制限規定等の整備（同法33条の2，35条関係）

③ 障害者の情報アクセス機会の充実に係る権利制限規定の整備（同法37条3項関係）

④ アーカイブの利活用促進に関する権利制限規定の整備（同法31条3項，47条，67条関係）

このうち，35条以外については平成31年4月1日までに施行がされ，35条については令和2年4月28日に施行されました。

2 TPP（環太平洋パートナーシップ協定）に関連する改正

なお，上記のほか，権利の制限とは関係しませんが，平成28年から平成30年にかけてTPPの発効に伴い以下のような改正が行われていますので，参考までにご紹介します。

① 著作権保護期間の延長（同法51条等関係）

　これまで保護期間が著作者の死後50年であった著作物等について，保護期間を70年へ延長しました。

② 著作権等侵害罪の一部非親告罪化（同法123条２項，３項関係）

　いわゆる海賊版について，悪質なものは被害者の刑事告訴がなくても刑事訴追することができるようになりました。

③ アクセスコントロールの回避等に関する措置（同法２条１項21号，113条３項等関係）

　アクセスコントロール技術を回避して著作物を視聴することについて，原則として著作権侵害とみなすこととなりました。

④ 配信音源の二次使用に対する報酬請求権の付与（同法95条１項関係）

　レコード・CDだけでなく，配信された音源についても，実演家およびレコード製作者が放送事業者に対して二次使用料を請求できることとなりました。

⑤ 損害賠償に関する規定の見直し（同法114条４項関係）

　著作権等管理事業者により管理されている著作物については，当該業者の使用料規程に基づいて損害額を算定することができるようになりました。

［山根俊一郎］

Q148 デジタル化・ネットワーク化の進展に対応した柔軟な権利制限規定の整備

改正分野のうち,「デジタル化・ネットワーク化の進展に対応した柔軟な権利制限規定の整備」については,具体的にどのような改正が行われたのですか。

 A 技術開発や情報解析,コンピュータの円滑な利用の過程等における著作物の利用について,一層広く認めることとしました。

解 説

1 改正の概要

著作物は,それに接する者が,その表現を鑑賞（プログラムの著作権については,そのソースコード等の利用）することで効用が発揮されるものです。しかし,著作権法上,複製や翻案といった利用方法は,鑑賞のためか否かにかかわらず著作権を侵害する行為とされています。

そのため,鑑賞の目的ではなく技術開発や情報解析等を目的として著作物を複製等することも著作権侵害となりかねず,著作権法が社会の発展を阻害するおそれがあるという問題がありました。

このような問題解決のため,著作権法は過去の改正によりコンピュータの利用に関する権利制限規定（改正前著作権法47条の8等）を置いていましたが,今回,以下のような規定を置くことで著作物の利用を一層広く認める改正が行われました。

① 著作物に表現された思想又は感情の享受を目的としない利用（著作権法30条の4）

② 電子計算機（コンピュータ）における著作物の利用に付随する利用等（同法47条の４）

③ 電子計算機による情報処理及びその結果の提供に付随する軽微利用等（同法47条の５）

2 具体的な改正内容

⑴ 著作物に表現された思想又は感情の享受を目的としない利用（同法30条の４）

上で述べたように，著作物は鑑賞されること，つまり，そこに表現された思想または感情が受け手に享受されることでその効用を発揮するものであり，著作物の利用者はそのような効用の享受について対価を支払っていると考えられます。したがって，そのような思想または感情の享受を目的としない利用については，広く認めても権利者の利益を害しないといえます。

そこで，平成30年改正では，そのような利用につき，著作権者の利益を不当に害さない限度で広くこれを認め，その具体例として以下の３つの場合を明示しました。

① 著作物の録音，録画その他の利用に係る技術の開発又は実用化のための試験の用に供する場合（同法30条の４第１号）

② 情報解析（多数の著作物その他の大量の情報から，当該情報を構成する言語，音，影像その他の要素に係る情報を抽出し，比較，分類その他の解析を行うこと）の用に供する場合（同法30条の４第２号）

③ 前二号に掲げる場合のほか，著作物の表現についての人の知覚による認識を伴うことなく当該著作物を電子計算機による情報処理の過程における利用その他の利用（プログラムの著作物については，当該著作物の電子計算機における実行を除く）に供する場合（同法30条の４第３号）

①は，研究機関や企業において技術開発や製品化のための試験を行う場合，②は，ディープラーニングにおいて著作物を利用する場合，③は，その他，バックエンドで行われる情報処理やプログラムのリバースエンジニアリング等が当てはまると考えられます。

なお，この3つの場合はあくまで例示であり，これらと同等といえる利用方法であれば，許容される余地が残されています。

(2) 電子計算機における著作物の利用に付随する利用等（同法47条の4）および電子計算機による情報処理及びその結果の提供に付随する軽微利用等（同法47条の5）

改正前も定めがありましたが，コンピュータの利用に際して，ストリーミング等に附随して行われるキャッシュデータの蓄積や，データベース等を用いた検索サービスの提供に伴う著作物の表示等について，一定の条件の下で著作権侵害とはならない範囲を拡大しました。

詳しくはQ110，Q111で解説していますので，そちらを参照してください。

なお，これら新設された規定には，改正前の47条の4から47条の9までの規定が統合されています。

[山根俊一郎]

Q149 教育の情報化に対応した権利制限規定の整備

改正分野のうち，「教育の情報化に対応した権利制限規定の整備」については，具体的にどのような改正が行われたのですか。

A これまで認められていた著作物の教科書への転載について，紙の教科書に加え，デジタル教科書を対象として含めました。また，著作物を学校等の授業で使用する場合に，著作物のデータをメール添付で送信するような行為が認められるようになります。

解 説

1 「デジタル教科書」の導入に伴う権利制限規定等の整備（著作権法33条の2）

国語の教科書などが顕著な例ですが，学校教育で用いられる教科書には，公表済みの既存の著作物が多数掲載されています。

このような公表された著作物の掲載は，学校教育の公共性に鑑み，必要な限度で利用する限り著作権者の許諾が不要とされています（同法33条1項）

この規定は，もともと紙の教科書を対象とするものでしたが，今回の改正で，紙の教科書に掲載された著作物については，デジタル教科書への掲載についても著作権者の許諾を不要とすることとなりました。また，同時に，デジタル教科書の供給に際して著作物のデータを公衆送信したりUSBメモリに保存して譲渡することや，デジタル教科書をストリーミングにより受信しながら利用することなども可能となりました。

なお，この改正に併せ，従前の紙の教科書の場合と同様，デジタル教科書への掲載をする場合には，著作権者へ補償金を支払うこととされました。

2 学校その他の教育機関における複製等（同法35条）

現行法上，学校等非営利の教育機関においては，授業の過程で著作物を複製し，あるいは授業を同時中継して遠隔地に公衆送信する場合には，著作権者の許諾は不要とされています。

　今回の改正では，これをさらに進めて，授業用資料のメール送信やオンデマンドでの配信などの公衆送信一般と，公衆のため大型のスクリーンに表示するような伝達行為についても許諾を不要としました（同法35条1項）。

　これに併せ，授業の同時中継をする場合以外の公衆送信については，著作権者に対する補償金の支払義務が定められました（同法35条2項，3項）。補償金の支払先となる指定管理団体（同法104条の11第1項）として，平成31年2月15日に，一般社団法人授業目的公衆送信補償金等管理協会（SARTRAS（サートラス））が指定されています。

　なお，本条の改正は，平成30年5月25日から3年以内に施行することとされていましたが，新型コロナウイルス感染症流行に伴う遠隔授業等のニーズに対応するため，令和2年4月28日に施行されました。

　この施行に際しては，「著作物の教育利用に関する関係者フォーラム」により「『授業目的公衆送信補償金制度』の今後の運用について」と題する文書が公表されました。その中では，令和2年度に限定した運用指針（「改正著作権法第35条運用指針（令和2（2020）年度版）」）が公表されており，条文の用語の定義や具体的な該当例が示されています。また，補償金については令和2年度に限り特例的に無償（0円）とすることとされました。

　なお，令和3年も「改正著作権法第35条運用指針」が公表されています。また，補償金の額は以下のとおり定められました（1人当たり年額）。

　大　学：720円　　高　校：420円
　中学校：180円　　小学校：120円
　幼稚園：60円

〔山根俊一郎〕

Q150 障害者の情報アクセス機会の充実に係る権利制限規定の整備（著作権法37条3項）

改正分野のうち，「障害者の情報アクセス機会の充実に係る権利制限規定の整備」については，具体的にどのような改正が行われたのですか。

A 視覚障害に限らず，発達障害や身体障害が原因となって視覚による著作物の表現の認識が難しい人のためにも，音声化等の方式により複製・公衆送信ができるようになりました。

解 説

著作権法は，著作権者の許諾がなくても，視覚障害等があるため著作物の表現が認識できない人のために，必要な限度で，著作物を音声化するなど適宜の方法により複製し，または自動公衆送信ができることとしていました（改正前著作権法37条3項）。しかし，視覚障害以外の障害がある人について，この規定が適用されるかどうかについては曖昧な部分がありました。

また，この点につき，平成25年6月，視覚障害者等のための著作権の権利制限・例外について規定したマラケシュ条約が締結されており，視覚障害だけではなく，発達障害等のため読字に障害がある人や，身体の障害により書籍を保持することができないような人のためにも著作権を制限することが求められるようになりました。

このような事情を背景に，平成30年改正では，視覚障害以外の障害があるため著作物の表現を認識することに困難がある人のために複製等する場合にも，本規定が適用されることを明確化しました。

　また，そのような目的で利用される著作物については，ウェブ上からのダウンロード等自動で行われるもののみならず，図書館等から個別に行われるメール送信等による著作物の提供も可能にするため，自動公衆送信だけでなく公衆送信一般もできるようになりました。

[山根俊一郎]

Q151　アーカイブの利活用促進に関する権利制限規定の整備（著作権法31条3項，47条，67条）

改正分野のうち，「アーカイブの利活用促進に関する権利制限規定の整備」については，具体的にどのような改正が行われたのですか。

A 電子化された著作物や権利者不明の著作物の利用を促進する改正がなされました。

解 説

1　国立国会図書館による外国の図書館への絶版等資料の送信

　国立国会図書館は，絶版になるなどして入手困難になってしまった資料を多数保有しています。このような資料は市民にとって貴重な財産であり，文化の発展のために広く利用されることが望ましいといえますが，他方で，当該資料の原本を広く提供する場合，その滅失や損傷のおそれがあります。

　そこで，著作権法31条2項と3項は，このような資料の利用を促進するため，原本を利用者に提供することで原本の滅失や損傷・汚損を生じるおそれがある場合，必要な限度で，当該資料をデータ化して複製することおよびそのようなデータを国内の他の図書館にインターネット等を通じて提供することを認めていました。

　これについて，海外の研究者等からもデータの提供の要望があることから，平成30年の改正では，このようなデータ提供が可能な図書館を国外の図書館にも拡大することとなりました。

　なお，さらに令和3年6月2日公布の改正により，①絶版等資料について，国会図書館から利用者への送信，②著作物の一部分について，国会図書館以外の各図書館から利用者への送信が認められることとなりました（改正後同法31条2項ないし11項。①は公布日から1年以内，②は2年以内の施行）。

2　作品の展示に伴う美術・写真の著作物の利用

(1)　作品の解説・紹介

　美術や写真の作品を原作品で展示する際には，著作権法47条により，観覧者への作品の解説・紹介のため小冊子に作品を複製して掲載することが認められていましたが，タブレット等の電子機器などで解説・紹介をすることは認められていませんでした。

　そこで，平成30年の改正では，著作権者の利益を不当に害しない限り，必要な限度で，小冊子への掲載のみならず，複製のうえ，上映または電子機器へ自動公衆送信することができるようになりました（同法47条1項・2項）。

　なお，「必要と認められる限度」，「著作権者の利益を不当に害しない」というのがどのような内容をいうのかは条文上明らかではありません。

　例えば，それ自体で鑑賞が可能なほどの高画質の画像を，観覧者自身の端末（スマートフォン等）にダウンロードして持ち帰ることができるような場合には，必要な限度を超え，あるいは著作権者の利益を不当に害するおそれがあると考えられます。

　あくまで原作品の観覧を助けるために著作権を制限する規定であり，そ

れを超えて原作品そのものや図録を所有するのと変わらないような態様で
の利用は認めていないことに注意が必要です。

⑵　展示作品の所在に関する情報提供

　展示会場に観覧者を誘引するには，展示作品の所在に関する情報を広く
知ってもらう必要があります。このような需要にこたえるため，平成30年
の改正では，著作権者の利益を不当に害しない限り，必要な限度で，作品
を複製し，あるいは作品の画像をインターネットやメールマガジンに掲載
することができるようになりました（同法47条 3 項）。展示作品の所在に
関する情報を公衆に提供するという目的の範囲内であれば，チケットの券
面やチラシなどに掲載して公衆に提供することもできます（同法47条の
7 ）。

　なお，「必要と認められる限度」，「著作権者の利益を不当に害しない」
という制限については，⑴と同様と考えられます。

3　著作権者不明等著作物の裁定制度の見直し

　著作物は，しばしばその権利者が不明になるなどして，利用の許諾を得
ることが困難になることがあります。

　しかし，著作物は利用されることによって文化の発展に寄与するもので
もあるため，許諾を得ることが困難な著作物についても利用する方法が用
意されているのが望ましいといえます。そこで，従前から，文化庁長官の
裁定を受けて使用料相当額の補償金を供託することにより，許諾がないま
ま著作物を利用することができるとされていました（同法67条）。

　平成30年の改正では，裁定の利用を促進するため，国及び地方公共団体
その他これらに準じる法人（独立行政法人などが考えられます）について，
供託手続を不要とし，権利者が現れたときには直接補償金を支払うことを

認めることになりました。

　供託手続は，供託をする側（利用者）にとっても供託金を受け取る側
（著作権者）にとっても煩雑である一方，国や地方公共団体であれば，補
償金の支払いについて資力の不安がないと考えられたことが改正の理由で
す。

［山根俊一郎］

Q152　令和2年改正：どのような改正か

令和2年の著作権法改正では，どのような改正が行われたのですか。

A インターネット上の海賊版対策の強化のほか，写り込みの場合に
権利制限が拡大される等の改正が行われました。

解　説

　これまで，インターネット上において，漫画や雑誌をはじめとして，写
真集，専門書，学術論文や新聞など，著作物の分野や種類を問わずに海賊
版被害が社会問題となっていました。そこで，令和2年の著作権法改正で
は，クリエイター・コンテンツ産業に大きな損害が生じることを防ぐため，
主として，海賊版対策の強化がなされ，その他の改正も併せてなされまし
た。具体的には，次のとおりです。

① インターネット上の海賊版対策の強化
- 違法にアップロードされた著作物へのリンク情報を集約したリーチ
サイトへの規制（Q153）
- 著作物全般を対象としたダウンロードの違法化・刑事罰化（Q154）

② その他の改正
- 写り込みに係る権利制限規定の対象範囲の拡大（**Q50**）
- 行政手続に係る権利制限規定の整備
- 著作物を利用する権利に関する対抗制度の導入
- 著作権侵害訴訟での証拠収集手続の強化
- アクセスコントロールに関する保護の強化
- プログラムの著作物に関する登録制度の整備

本書で触れていない部分も重要ですが，本書の性格上，取り上げません。詳細については，文化庁のホームページを参照してください。

［福市航介］

Q153 令和2年改正：リーチサイト規制

リーチサイト規制とは，どのようなものですか。

A 違法にアップロードされた著作物（侵害コンテンツ）へのリンク情報を集めたリーチサイトやリーチアプリでリンクを提供したり，リーチサイトやリーチアプリを運営・提供する行為を規制するものです。規制内容としては，民事措置（差止請求・損害賠償）と刑事罰があります。

解 説

1 規制の背景

侵害コンテンツへのリンクを集めるサイトやアプリが存在していることはよく知られています。それぞれリーチサイトやリーチアプリと言われるものです。このリーチサイトやリーチアプリは，主として広告収入等を得

る目的で運営，提供されているのが一般です。こうしたリーチサイトやリーチアプリ（以下「リーチサイト等」といいます）の運営や提供（以下「運営等」といいます）によって，侵害コンテンツの著作権者は正当な対価を受けることができなくなり，大きな経済的なダメージを受けていました。そこで，令和2年の改正によって，クリエイターやコンテンツ産業に大きな被害が生じることを防ぐため，リーチサイト等が規制されることになりました。

2　規制に該当するのはどのような場合か
(1)　リーチサイト等とは

　「リーチサイト」や「リーチアプリ」でなければ，そもそもリーチサイト規制の対象になりません。では，リーチサイト等とはどういうものをいうのでしょうか。詳細は著作権法113条2項1号と2号で規定されていますが，要するに，ウェブサイト等の運営者が侵害コンテンツを利用させるためにデザインや表示内容を作りこんでいたり（ex.「無料で読み放題！」等），ウェブサイト等のユーザーが侵害コンテンツへのリンクを多数掲載している等（ex.掲示板などの投稿サイトで侵害コンテンツへのリンクが多数ある等）のように侵害コンテンツの利用を助長しているようなものがこれに当たります。

(2)　規制される行為とは

このようなリーチサイト等において，次の行為を故意または過失で行った場合には，そうした行為を行った者は，著作権侵害をしたとみなされることになりました（著作権法113条2項・3項）。
　①　リーチサイト等を使ってリンクを提供する行為（同法113条2項）
　②　リーチサイト等の運営等をしている者がリンク先のコンテンツが侵

害コンテンツであり，技術的にリンクを削除できるにもかかわらず，これを削除せずに放置する行為（同法113条3項）

　なお，今回のリーチサイト等の規制では，いわゆるプラットフォーマー（ex. YouTubeの特定のチャンネルがリーチサイトである場合のYouTube全体）は，基本的には規制の対象に当たらないことに注意が必要です（同法119条2項4号・5号）。

3　規制に違反した場合にどうなるか

　リーチサイトの規制に反した場合には，著作権者は，前記2の行為をした者に対して民事措置（損害賠償請求や差止請求）をすることができるようになったほか（同法113条2項から4項），前記2の行為をした者には刑事罰（懲役刑を含みます）が課されることになりました（同法119条2項4号および5号，120条の2第3号等）。なお，刑事責任は，過失は処罰されず，故意があるときのみ処罰されることに注意が必要です。また，告訴がないと刑事責任を問うことができない（同法123条）ことも留意が必要です。

［福市航介］

Q154 令和2年改正：侵害コンテンツのダウンロード違法化

　違法にアップロードされた漫画等のダウンロードが違法になったと聞きました。何ページもある漫画の1コマだけダウンロードしたり，二次創作漫画をダウンロードしたりすることも違法になるのですか。

A どちらも違法になりません。ただ，その他の利用方法で一定の場合には，違法となることもあります。違法となった場合には，ダウンロードした者に民事責任と刑事責任が発生します。ただし，刑事責任は民事責任よりも狭い範囲でのみ発生します。

解 説

1 規制の背景とは

　これまで，違法にアップロードされた録音や録画（ex. 音楽や映画）をダウンロードする行為は，一定の条件のもとで違法となっていました。しかし，漫画や書籍等については，侵害コンテンツを私的に使用する目的でダウンロードすることは違法ではなかったため，著作権者が海賊版による被害を受けることが絶えませんでした。そこで，漫画や書籍などすべての著作物の違法ダウンロードも違法にすることで著作権者の保護を図ることが検討されました。しかし，すべて違法とすることは，国民の情報収集等を必要以上に畏縮させてしまうおそれがあります。こうした要請を調整するため，令和2年の著作権法改正では，対象となる著作物に例外を設けたりする等の条件を付け加えることで，侵害コンテンツのダウンロードの範囲を一定程度に限定しています。

2 規制の内容──民事責任はどのような場合に発生するか

⑴ 対象となる著作物──対象とならないものに注意する

　違法ダウンロードの対象となる著作物は，原則として著作物全般となります（著作権法30条1項4号。なお，録音や録画については，今までどおり同項3号が適用されます）。しかし，先ほど述べたとおり，情報収集等に畏縮効果が出ないよう，次のような場合は，例外的に違法ダウンロード

規制が適用されません（同項 4 号の括弧書を参照してください）。

① 著作権者の許諾なく創作された二次創作やパロディのダウンロード
② 分量や画像の観点から軽微なダウンロード
③ 著作権者の利益を不当に害しない特別な事情がある場合のダウンロード

⑵　対象とならない著作物とは具体的に何か

　著作権者は二次創作等にも自分が創作した部分については著作権を持ちますから，たとえ二次創作をした者の意思でそれがアップロードされたとしても，もともとの著作権者との関係では違法アップロードになります。しかし，今回の違法ダウンロード規制の対象外とされています。

　次に，「軽微」とは，文化庁によれば，分量の観点では，数十頁で構成される漫画の 1 コマから数コマ程度，長文で構成された論文や新聞記事なら 1 行から数行，数百ページで構成された小説なら 1 頁から数頁のダウンロードが考えられます。また，画像の観点からは，画像が粗いというのは，サムネイル画像のダウンロード等が考えられるとされています。

　最後に，「著作権者の利益を不当に害しないと認められる特別な事情」とは，文化庁によれば，例えば，有名タレントのSNSにおいて，おすすめイベントを紹介するためにポスターが無断掲載されている場合に，そのSNSの投稿を保存する場合（ポスターの著作権者が黙示的に同意している場合）や詐欺集団の作成した詐欺マニュアルが被害者救済団体によって告発サイトに無断掲載されている場合に，それを自分や家族を守るためにダウンロードすること等があるとされています。

⑶　故意だけが対象であることに注意する

　違法ダウンロードとして，民事責任が発生するためには，故意が必要で

す。過失（注意していれば気づいたはずなのに，気づかずにダウンロードした）とか，重過失（少し注意すれば簡単にわかったはずなのに，気づかずにダウンロードした）場合には，民事責任は発生しませんので，注意が必要です（同法30条2項）。

3　規制の内容——刑事責任はどのような場合に発生するか

　刑事責任が発生するためには，民事責任が発生する場合に対象となる著作物よりも限定され，かつ，故意があっただけでは足りません。

　具体的には，正規版が有償で売られている著作物について，常習的にダウンロードしている場合であって，かつ，著作権者からの告訴があった場合にのみ，刑事責任が問われます（同法119条3項2号・123条）。刑事責任は重いものですから，インターネットの利用が不当に制限されないように配慮されたものと言えます。

［福市航介］

■ あとがき

　著作権の法律相談で最も多いのは，「いわゆる引用」に関するものである。
　ただ，その場合の「いわゆる引用」の相談は，著作権法に言う引用より広い。著作権法に言う「引用」とは，著作権法2章3節5款に規定されている32条1項の場合のことだけであるが，相談事例では，他人の著作物を勝手に利用し得るすべての場合を含んでいる。例えば，32条2項，39条などの「転載」や，40条の「公開の場における政治上の演説」，「公開の裁判手続等で行われた陳述等」の利用や，41条の「時事の報道に伴う使用」を含んでいる。要するに，著作権法における「第5款　著作権の制限」のかなりの部分を含んでいる。
　のみならず，到底「引用」とは言えないものを，引用にあたるはず，と確信した相談は今も依然としてあるし，他にも引用の限界事例を超えそうな，しかし魅力的なアイデアに満ちた，「いわゆる」付きの「引用」の相談も少なくない。
　このような相談が多いのは，言うまでもなく編集者やクリエイター，制作者，製作者が，日常的にこの問題に直面し，迷っているからにほかならない。
　これらの人々が，なぜかくも沢山この問題に直面しているかと言えば，編集等において，既存著作物を利用する可能性は日常的であるという現実と，これに加えて既存著作物の利用には，無断利用が許される場合と許されない場合とがあることについて分別の意識が次第に著作権の現場で定着し始めてきているからである。「著作権なんか勉強したって一人前の編集者になれるか！」等と部下を一喝して，法律におかまいなしに他人の著作物を無断利用する「豪腕」編集者は，今や少数派であろう。

　既存著作物の利用と聞いて，そのようにして作られる編集物や制作物は，著作物の創作性にもとるのではないかと感じる編集者は，ひと昔前には沢山おられたようである。しかし，既存著作物の利用のすべてがやましい行為ではない。少し考えても思い当たるように，我々の知識で先人の成果のお世話にならなかったものは何一つない。これは，知の発展の本質である。このことは見落とされがちではあるが，著作権法は，そのことを否定したり，制限したりするものではなく，むしろ前提としているとさえ言える。前提としているが故に，一方において，その利用が他人の成果物の創作的表現を無断利用することになる場合は，著作権者はその利用を禁止できることになっている反面，著作者の創作的表現＝著作物を利用する場合であっても，一定の要件を満たす場合には，著作権者は他人による無断利用に対して著作権を行使できないとして，各種の制限規定を定めているのである。

　このような制限規定は，100年あまり前に，初めて著作権法がこの世に登場したときからのものである。引用はその一つである。引用以外の著作権の制限規定も，同様の趣旨に出ている。

　ただ，ここで注意しなければならないことがある。適法な無断利用が可能な事例をいくつか経験していくうちに，経験の普遍化に失敗している傾向がまま見られるという点である。これを，経験主義の弊害と言う。そこに自制心のない利用の必要性が結びつくと，つい著作権侵害を惹き起こすことになる。「生兵法は大怪我のもと」という言葉もあるように，貴重な経験といえども，知識としてただ多量に蓄積されるというだけでは十分ではない。大切なのは，経験を正しく普遍化して蓄積することなのである。それには，正確な「著作権法の見方・考え方」の理解が不可欠である。このことと，著作権法に関する一見専門的に見える該博な，あるいは細部にわたる知識とは別だ，ということを知っておくべきである。

　私は，1998年11月に，太田出版から『クリエイター・編集者のための引

用ハンドブック』という本を出版するために谷井精之助先生他４名の諸先輩と分担執筆した。私が同書の89ページから146ページの中で述べたことは，引用を論じる基礎であると思っているし，今回もそれを踏まえている。

　以来６年を経た最近の編集・制作の最前線の方々の相談内容を分析すると，「著作権法の見方・考え方」が，以前より遥かにレベルアップしたことを示しており，最近の最前線の人々は，問題になりそうなことを未然に感じ取り，「ちょっと待てよ」と立ち止まって早めに相談する傾向が顕著になっている。

　そこで，こうした状況を念頭におきながら，中央経済社から実践的な本を作りたいとのこの度のご依頼に対して，異議なくお引き受けした次第である。本書は，弁護士として守秘義務を守るために，頻度の高い相談事例を，可能な限り一問一答に分解して一般化したものである。ここにおける引用の質問は，32条の引用を中心にしているが，それに限っていない。

　私は，主として監修を受け持ち，所内の何人かで分担して執筆することにした。これについても中央経済社に快諾していただいた。実際には，雪丸真吾弁護士が編集責任者となって，企画を立て，これに従って全員で原稿を起案した。彼は留学を控えていたので，その前に私の監修作業を終わらせ，入稿する予定を立てていた。ところが，査読を含む監修の作業に入ってみると，原稿の書き直しを要するものが，予想外に多いことが判明した。問題点を指摘し，書き直しを依頼する準備と調整に時間を要した。かくして，彼の手際よい段取りにもかかわらず，原稿の見直しと監修作業に遅れが生じることとなった。これは偏えに私の責任である。

　第１章からお判りのように，引用を通して同時に，著作権法の考え方を正確に説明することを本書の解説上の必須課題とした。そのため，著作権法の引用規定だけでなく，著作権法全体の体系性について，簡略ではあるが，努めて言及するようにした。

　こうした企画も含め，雪丸真吾「編集長」のいつもながらの全力投球（彼の場合は全力蹴球と言うべきか）があってこそ，初めて本書が刊行できたことを，ここに記して感謝したい。

　著作権の最前線の人々が，座右の書として本書を活用されることを期待する。

　最後になったが，中央経済社齊藤純哉氏の最後まで変わらぬご尽力に感謝する。氏の適切な助言と励ましなしに，長い陣痛は無事な出産に至らなかったであろうと思う。

　　平成17年1月

　　　　　　　　　　　　　　　　　　　北　村　行　夫

〈編者紹介〉

北村　行夫　（きたむら　ゆきお）

　　虎ノ門総合法律事務所　弁護士。日本知的財産仲裁センター仲裁委員・調停委員，著
　　作権法学会会員，国際著作権法学会会員，著作権情報センター会員，日本ユニ著作権
　　センター著作権相談員。

雪丸　真吾　（ゆきまる　しんご）

　　虎ノ門総合法律事務所　弁護士。著作権法学会会員。日本ユニ著作権センター著作権
　　相談員。慶應義塾大学芸術関係法規演習Ⅰ講師。

〈著者紹介〉

大井　法子　（おおい　のりこ）

　　虎ノ門総合法律事務所　弁護士。著作権法学会会員，国際著作権法学会会員。日本ユ
　　ニ著作権センター著作権相談員。慶應義塾大学芸術著作権演習Ⅰ講師。

杉浦　尚子　（すぎうら　なおこ）

　　虎ノ門総合法律事務所　弁護士。UCLA, LLM取得，日本及びNY州弁護士。日本ユニ
　　著作権センター著作権相談員。

吉田　朋　（よしだ　とも）

　　虎ノ門総合法律事務所　弁護士。

芹澤　繁　（せりざわ　しげる）

　　虎ノ門総合法律事務所　弁護士。

亀井　弘泰　（かめい　ひろやす）

　　虎ノ門総合法律事務所　弁護士。筑波大学法科大学院非常勤講師，成蹊大学法科大学
　　院非常勤講師。著作権のほか商標権，特許権等関連事案を多く手がける。

近藤　美智子　（こんどう　みちこ）

　　虎ノ門総合法律事務所　弁護士。ロンドン大学クイーンメアリー校LLM取得（知的
　　財産権専攻）。国際著作権法学会会員。著作権法学会会員。日本ユニ著作権センター
　　著作権相談員。著作権，商標権関連事案等を多く手がける。

福市　航介　（ふくいち　こうすけ）

　　虎ノ門総合法律事務所　弁護士。

宮澤　真志　（みやざわ　まさし）

　　虎ノ門総合法律事務所　弁護士。

佐賀　博美　（さが　ひろみ）

　　虎ノ門総合法律事務所　弁護士。

山根　俊一郎　（やまね　しゅんいちろう）

　　虎ノ門総合法律事務所　弁護士。

Q&A　引用・転載の実務と著作権法（第 5 版）

2005年 2 月20日	第 1 版第 1 刷発行
2007年12月20日	第 1 版第 4 刷発行
2010年11月10日	第 2 版第 1 刷発行
2014年 2 月25日	第 3 版第 1 刷発行
2016年 2 月20日	第 3 版第 5 刷発行
2016年10月 1 日	第 4 版第 1 刷発行
2018年 1 月30日	第 4 版第 3 刷発行
2021年12月 1 日	第 5 版第 1 刷発行
2024年 7 月30日	第 5 版第 5 刷発行

編　者　　北　村　行　夫
　　　　　雪　丸　真　吾
発行者　　山　本　　　継
発行所　　㈱中央経済社
発売元　　㈱中央経済グループ
　　　　　パブリッシング

〒 101-0051　東京都千代田区神田神保町 1-35
電話　03 (3293) 3371（編集代表）
　　　03 (3293) 3381（営業代表）
https://www.chuokeizai.co.jp
製版／文唱堂印刷㈱
印刷・製本／昭和情報プロセス㈱

© 2021　Printed in Japan

コンテンツ別
ウェブサイトの
著作権Q&A

■雪丸真吾・福市航介・宮澤真志（編）　A5判・260頁・ソフトカバー

　近年，ウェブサイトにおいて著作権のトラブルが増えており，いわゆる「炎上」に発展するケースも少なくありません。ブログやウェブサイトの管理者は，「引用とはどういったときに認められるのか？」といった著作権に関する基礎知識に加え，動画・音楽・画像・文章など使いたいコンテンツごとの注意点を理解しておく必要があります。正しい知識を身につけ，適切なサイト運営を行いましょう。

中央経済社